Cuaderno de práctica

Volumen 1

Grado 2

HOUGHTON MIFFLIN HARCOURT
School Publishers

Printed in the U.S.A.

ISBN 10: 0-54-725755-4
ISBN 13: 978-0-54-725755-6

2 3 4 5 6 7 8 9 15 14 13 12 11 10
4500229837

Contenido

Nombre ______________________ Fecha ________

Sílabas abiertas con *m, p, s*

Escribe el nombre de los alimentos. Usa las palabras del banco de palabras.

Banco de palabras

sopa	pimienta	papa
masa	medialuna	pera

1.

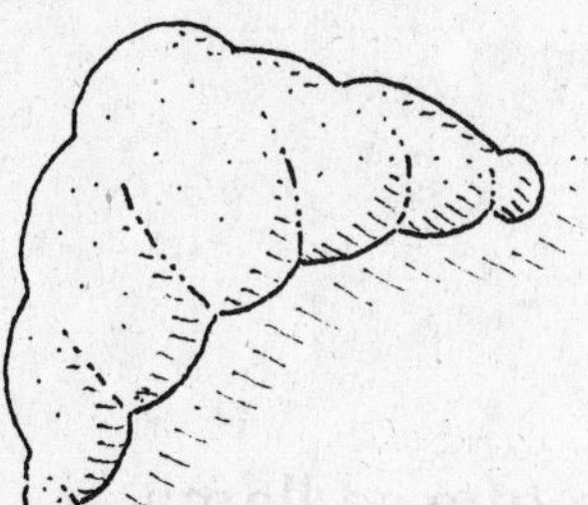

medialuna

2.

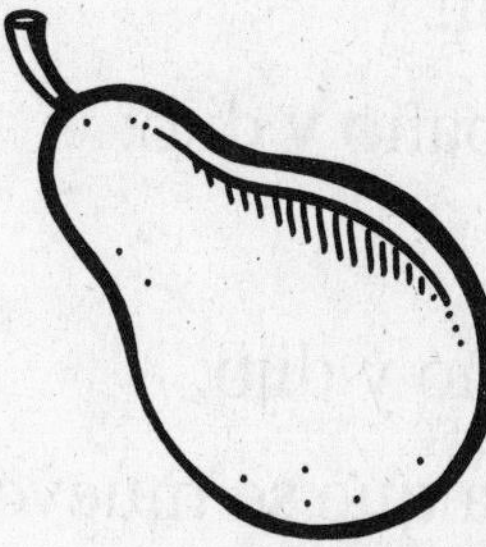

pera

3.

masa

4.

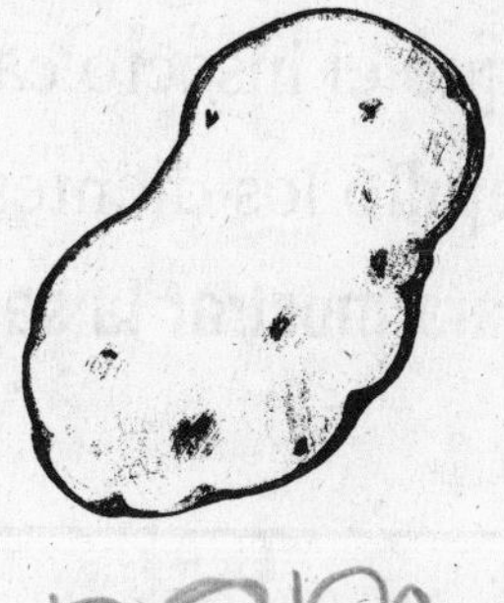

papa

5.

pimienta

6.

sopa

Nombre ______________________ Fecha ______

Secuencia de sucesos

Lee la siguiente selección.

Era hora de ir a la escuela. José estaba por cepillarse los dientes.

En ese momento lo vio. ¡Había un pequeño monstruo verde en la puerta del baño! José gritó:

—¡Mamá! ¡Ven aquí!

La mamá corrió al baño y dijo:

—¿Qué es esto?

El papá entró al baño y dijo:

—Parece una ramita que se mueve. Es un insecto que se llama mantis religiosa.

—No debería estar aquí —dijo la mamá.

Colocó el insecto en un papel. Luego, lo sacó de la casa por la puerta de atrás. José vio que el insecto caminaba hacia los árboles. Luego, José volvió y se cepilló los dientes.

Completa el organigrama para mostrar la secuencia de sucesos del cuento.

Suceso: Primero José lavaba sa dientes.

Suceso: Luego José vio un monstruo.

Suceso: De

Suceso: mamá lo sacó con un papel.

Suceso: Jose se c

Nombre ________________ Fecha ________

Palabras de sílabas abiertas con *m, p, s*

Palabras de ortografía

Básicas

1. secretos
2. mojado
3. puso
4. salieron
5. perro
6. peligro
7. mejor
8. pero
9. semana
10. miró
11. somos
12. para

De repaso

13. solo
14. poco

Clasifica las palabras de ortografía. Escribe las palabras en la columna de la *m*, la *p* o la *s*, según la letra con la que comienzan.

Sílabas abiertas con *m*

1. mojado
2. mejor
3. miró

Sílabas abiertas con *p*

4. perro
5. para
6. puso
7. pero
8. perro
9. peligro

Sílabas abiertas con *s*

10. secretos
11. somos
12. semana
13. salieron
14. solo

Escribe dos palabras que tengan una sílaba abierta con *p* y dos palabras que tengan una sílaba abierta con *s*. Escribe las respuestas en las líneas.

Sílabas abiertas con *p*

15. somos
16. secretos

Sílabas abiertas con *s*

17. semana
18. somos

Nombre ______________________ Fecha ________

Predicados

- El **predicado** es la parte de la oración que indica la acción.
- El predicado indica lo que hace o hizo el sujeto.
- En la parte de la oración que indica la acción se usan palabras que muestran acciones.

Daniel **esconde los juguetes.**

Pregunta para pensar
¿Qué hace alguien o algo en la oración?

Encierra en un círculo la palabra o las palabras que completan la oración.

1. Simón ______________________.

   busca pistas **pistas**

2. Tamara ______________________.

   casa **entra en la casa**

3. Los niños ______________________.

   juegan a ser espías **espías**

4. Los niños ______________________.

   pistas **siguen las pistas**

5. Todos ______________________.

   los juguetes **encuentran los juguetes**

Punto de enfoque: Ideas
Detalles

Sin detalles	Con detalles
Al perro de Lorenzo le gusta jugar.	Al perro de Lorenzo le gusta buscar palitos y atrapar objetos.

Lee las oraciones sin los detalles. Luego, vuelve a escribir la oración usando los detalles que están entre ( ).

1. El día estaba lluvioso. (había un viento helado)

____

2. Llevé a mi perro a dar un paseo. (al parque, Pipo)

____

3. Me vestí. (botas, un impermeable, un sombrero grande)

____

4. Caminamos a un lugar. (cerca de mi escuela, en el parque)

____

5. Pipo saltó. (gran, dentro de un charco con lodo)

____

Nombre ______________________________ Fecha ________

Sílabas abiertas con *m, p, s*

Termina de escribir el nombre del dibujo. Hay algunas sílabas escritas.

1.

______ to

2.

______ ñeca

3.

______ lla

4.

______ la

5.

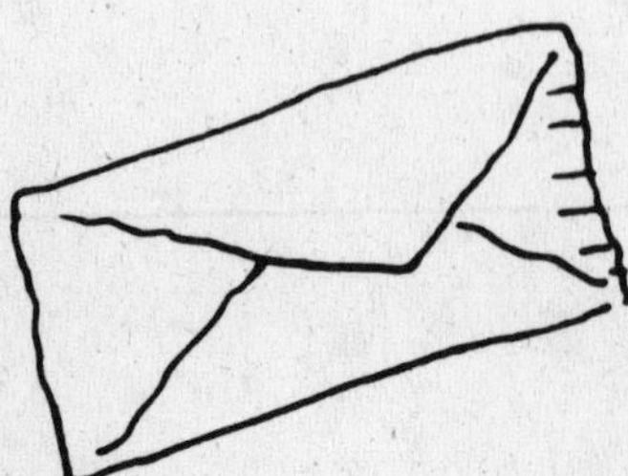

______ bre

6.

______ riquita

Nombre ______________________ Fecha ________

Secuencia de sucesos

Lee la siguiente selección.

El papá detuvo el auto en el bosque.

—Está demasiado oscuro para encontrar nuestra cabaña —dijo a José y a Lila.

—No te preocupes —dijo Lila—. Tenemos linternas.

José y Lila apuntaron las linternas hacia los árboles. De pronto, José vio algo que se movía.

—Papá —dijo José—. ¡Cierra las puertas! Puede ser un oso.

Justo en ese momento una mano dio un golpecito en la ventanilla del auto. Lila y el papá vieron una cara en la oscuridad.

—Vi la luz de las linternas —dijo el hombre—. ¿Están perdidos? Los puedo ayudar a encontrar su cabaña.

—Qué bueno que teníamos las linternas —dijo José—. ¡Nos salvaron!

Responde las preguntas para contar de nuevo la secuencia de los sucesos importantes. Luego, trabaja con un compañero para completar el organigrama.

1. ¿Cómo ayudaron José y Lila a encontrar la cabaña? Apoya tu respuesta con detalles. ______________________

____

____

2. ¿Qué cree José que se está acercando al auto? ¿Por qué piensa eso? Apoya tu respuesta con detalles.

____

Nombre ______________________ Fecha ______

Palabras de sílabas abiertas con *m, p, s*

Palabras de ortografía

Básicas

1. secretos
2. mojado
3. puso
4. salieron
5. perro
6. peligro
7. mejor
8. pero
9. semana
10. miró
11. somos
12. para

De repaso

13. solo
14. poco

Escribe las palabras de ortografía para responder las preguntas.

1. ¿Qué le cuentas a un amigo? ______________
2. ¿Cómo queda todo después de la lluvia? ______________
3. ¿Cuál es el opuesto de “entraron”? ______________
4. Está formada por siete días. ¿Qué es? ______________
5. ¿Quién es el mejor amigo del hombre? ______________
6. Si cruzas la calle sin mirar, ¿qué puede haber? ______________
7. ¿Qué palabra significa “observó”? ______________
8. ¿Cuál es el opuesto de “quitó”? ______________
9. Yo soy un niño. Nosotros ______________ niños.
10. ¿Cuál es el opuesto de “peor”? ______________

El sujeto y el predicado

Escribe la parte que nombra a una persona, animal o cosa para completar cada oración.

1. _______________ escribe una carta. (Miguel, Tomar)
2. _______________ envía la carta por correo. (María, A)
3. _______________ piden un perro. (Escuchar, Los niños)
4. _______________ se divierten. (Todos, Tirar)

Encierra en un círculo la palabra o las palabras necesarias para terminar cada oración.

5. Los cachorros _______________.

   corrían en círculos **círculos**

6. Henry _______________.

   perro **encontró un perro**

7. Mudge _______________.

   lamió a Henry **Henry**

8. Todos _______________.

   acariciaron a Mudge **acariciaron**

Nombre ______________________________ Fecha ________

Orden alfabético

Escribe las palabras del recuadro en orden alfabético.

Banco de palabras

pesar	collar	rizado	medir
grande	caído	perro	liso
babear	crecer		

1.
2.
3.
4.
5.
6.
7.
8.
9.
10.

Nombre ______________________________ Fecha ______

Fluidez de la oración

Oraciones cortas

Pedro coleccionaba juguetes.

Juana coleccionaba juguetes.

Nueva oración con los dos sujetos

Pedro y Juana coleccionaba<u>n</u> juguetes.

Lee las oraciones. Usa <u>y</u> para unir los dos sujetos. Escribe la nueva oración.

1. Miguel quiere ayudar a los niños.
   Ana quiere ayudar a los niños.
   ____

2. La mamá compra juguetes.
   El papá compra juguetes.
   ____

3. Teo envuelve los juguetes.
   Maxi envuelve los juguetes.
   ____

4. Ema lleva los juguetes al refugio.
   José lleva los juguetes al refugio.
   ____

5. Los niños están contentos.
   Los padres están contentos.
   ____

Nombre ______________________________ Fecha ________

Mi familia
Fonética: Sílabas abiertas con *d, n, t*

Sílabas abiertas con *d*, *n*, *t*

Banco de palabras

tetera	radio	nube	techo
nene	taza	dado	

Escribe los nombres de los dibujos.

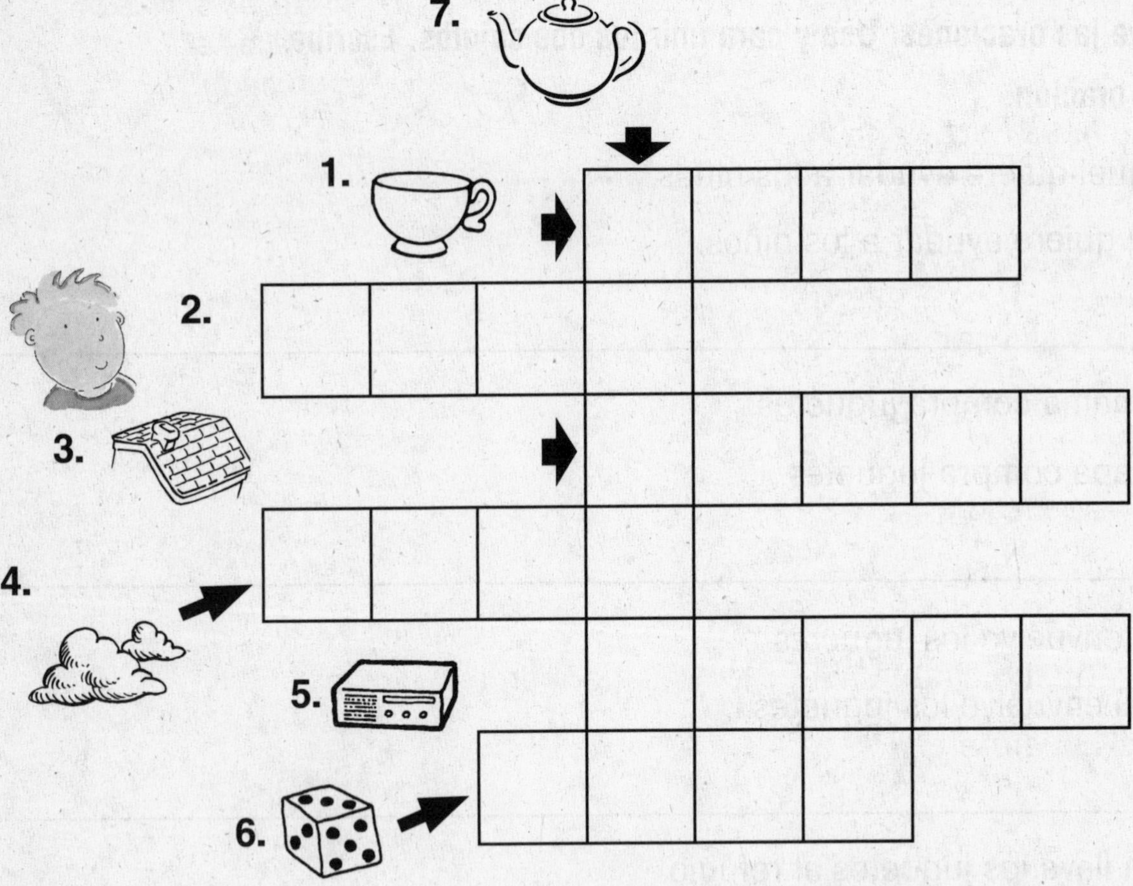

Nombre ______________________________ Fecha ______

Mi familia
Comprensión:
Comparar y contrastar

Comparar y contrastar

Lee la siguiente selección.

Mis padres son excelentes bailarines. Los dos aprendieron a bailar hace mucho tiempo.

Cuando mi papá era joven, fue a clases de baile en Miami. Era muy buen bailarín y ¡todas las muchachas querían bailar con él! Le gustaba conocer gente nueva.

Cuando mi mamá era joven solía bailar en su habitación. Era muy tímida.

Un día mi mamá y mi papá fueron al mismo lugar a bailar. Él giraba y saltaba. Ella sonreía y daba vueltas. Les gustaba bailar juntos.

Mis padres todavía bailan en nuestra casa. Sonríen y dan vueltas al ritmo de la música. Cuando veo bailar a mis padres, espero bailar tan bien como ellos algún día.

Piensa en qué se parecen y en qué se diferencian el papá y la mamá. Luego, completa el siguiente diagrama de Venn.

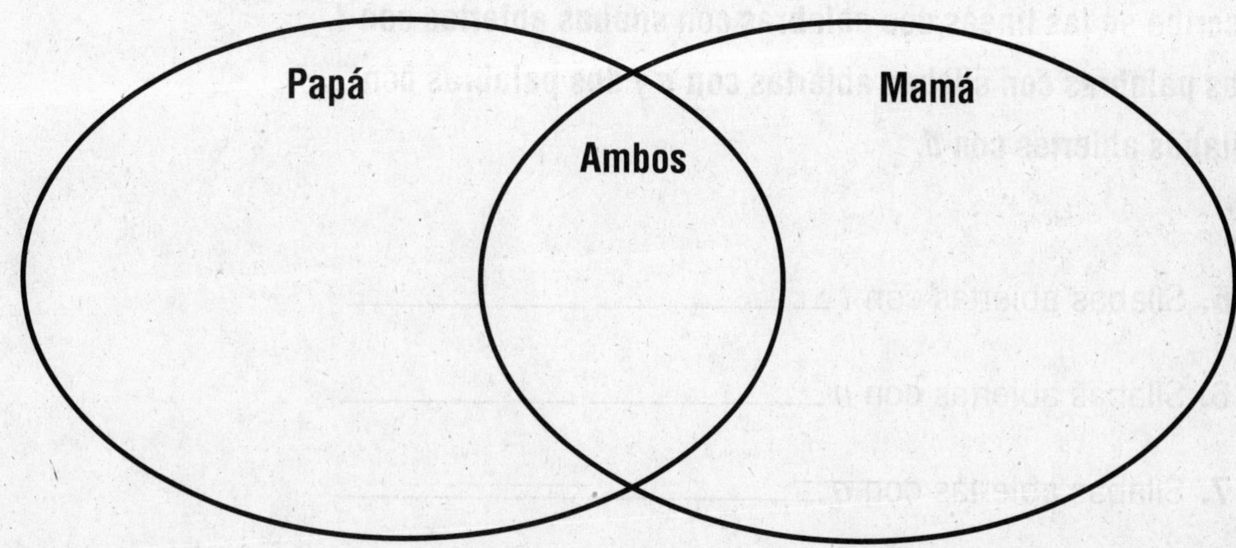

Nombre ______________________________ Fecha ________

Mi familia
Ortografía: Palabras de sílabas abiertas con *d*, *n*, *t*

Palabras de sílabas abiertas con *d*, *n*, *t*

n ***d***

t

Palabras de ortografía
Básicas
1. todos
2. domingos
3. tocar
4. tocamos
5. dado
6. niño
7. tomaba
8. noche
9. nariz
10. nene
11. decimos
12. dice
De repaso
13. tú
14. nada

Clasifica las palabras de ortografía. Escribe las palabras en la columna de la *d*, la *n* o la *t*.

n	*d*	*t*
1. ____________	**6.** ____________	**10.** ____________
2. ____________	**7.** ____________	**11.** ____________
3. ____________	**8.** ____________	**12.** ____________
4. ____________	**9.** ____________	**13.** ____________
5. ____________		**14.** ____________

Escribe en las líneas dos palabras con sílabas abiertas con *t*, dos palabras con sílabas abiertas con *n* y dos palabras con sílabas abiertas con *d*.

15. Sílabas abiertas con *t* ____________ ____________

16. Sílabas abiertas con *n* ____________ ____________

17. Sílabas abiertas con *d* ____________ ____________

Orden de las palabras en una oración

- En una oración, el sujeto se escribe primero.
- El predicado se escribe después.

Orden incorrecto	Orden correcto
Va a una fiesta María.	María va a una fiesta.

Pregunta para pensar
¿La primera parte de la oración es el sujeto?

Subraya las oraciones que tengan las palabras en el orden correcto.

1. La familia come manzanas.
2. Luisa hizo una torta.
3. Comió la torta Nico.
4. Los niños juegan a las escondidas.
5. Comemos juntos nosotros.
6. Papá abrió los regalos.
7. Le regaló un libro la tía.
8. Todos comieron el postre más tarde.

Nombre ______________________ Fecha ________

Mi familia
Escritura: Escribir para contar

Punto de enfoque: Voz
Expresar sentimientos

Sin sentimientos	Con sentimientos
Mi abuela viene a visitarnos los fines de semana.	**Nos divertimos tanto cuando** mi abuela viene a visitarnos los fines de semana.

A. Lee las oraciones. Agrega palabras y detalles para mostrar sentimientos.

Sin sentimientos	Con sentimientos
1. Intento ayudar a hacer la cena.	______________ ayudar a hacer la cena.
2. Hablamos y trabajamos mucho.	______________ y trabajamos mucho.

B. Lee las oraciones. Luego vuelve a escribirlas y agrega sentimientos.

Sin sentimientos	Con sentimientos
3. Vivo con mi familia.	
4. Escribo cuentos.	
5. Fui a comer a la casa de mi amigo	

Nombre ______________________ Fecha ________

Palabras de sílabas abiertas con *d*, *n*, *t*

Palabras de ortografía

Básicas

1. todos
2. domingos
3. tocar
4. tocamos
5. dado
6. niño
7. tomaba
8. noche
9. nariz
10. nene
11. decimos
12. dice

De repaso

13. tú
14. nada

Lee la primera oración. Luego, escribe la palabra de ortografía correcta para completar la oración.

1. Cocinaron toda la tarde y por la ____________ comieron con su familia.
2. No me gustan los lunes. Me gustan los ____________.
3. El papá llevó los zapatos. El ____________ llevó el sombrero.
4. Tenía ojos verdes y una ____________ pequeña.
5. Pedro habla todo el tiempo. Su hermano es muy callado y no ____________ nada.

Escribe la palabra de ortografía que coincide con la pista.

6. El opuesto de *ninguno*. ____________
7. Es un cubo con números. ____________
8. El opuesto de *niña*. ____________
9. Lo que se hace con un instrumento. ____________
10. Quiere decir *mencionamos*. ____________

Nombre ______________________ Fecha ______

Oraciones seguidas

Lee las oraciones. Decide si son oraciones seguidas o dos oraciones completas. Encierra en un círculo la respuesta correcta.

1. Mis primos jugaron al fútbol. Después fueron a nadar.

oración seguida **oraciones completas**

2. Jugamos en el patio cavamos hoyos.

oración seguida **oraciones completas**

3. A Ángel y a mí nos gusta jugar juntos somos muy buenos amigos.

oración seguida **oraciones completas**

4. El tío Manuel trabaja mucho. Es médico.

oración seguida **oraciones completas**

Vuelve a escribir las oraciones seguidas como dos oraciones completas.

5. Mi hermana aprendió a bailar tomó una clase.

____

6. Practica todos los días va al gimnasio.

____

7. A veces voy con ella a la clase me gusta verla bailar.

____

Nombre ______________________ Fecha ________

Usar un glosario

Lee las entradas del glosario. Luego, usa las definiciones para escribir una oración de ejemplo para cada palabra.

corona: una joya para cubrir la cabeza
familia: un grupo de personas que son parientes
guitarra: un instrumento para tocar música
casa: un edificio donde viven personas
marinero: una persona que trabaja en un barco
enseñar: mostrar o decir a alguien cómo hacer algo

1. marinero

____

2. casa

____

3. guitarra

____

4. corona

____

5. enseñar

____

6. familia

____

Nombre ______________________________ Fecha ________

Mi familia
Ortografía: Palabras de sílabas abiertas con *d*, *n*, *t*

Corregir la ortografía

Corrige la entrada del diario. Encierra en un círculo las palabras mal escritas. Luego, escríbelas correctamente en las líneas de abajo.

Tengo un nuevo trabajo. Mi mamá dise que la puedo ayudar a lavar el auto. Aunque soy un nino puedo ayudar en la casa. La otra ñoche ayudé a cocinar. Cuando hago esas tareas mi papá se pone contento, me sonríe y me toca la naris.

Palabras de ortografía

Básicas

1. todos
2. domingos
3. tocar
4. tocamos
5. dado
6. niño
7. tomaba
8. noche
9. nariz
10. nene
11. decimos
12. dice

1. ____________________ **3.** ____________________

2. ____________________ **4.** ____________________

Usa el código para escribir las palabras de ortografía.

1 = a	2= b	3 = c	4 = d	5 = e	
6 = f	7 = g	8 = h	9 = i	10 = j	
11 = k	12 = l	13 = m	14 = n	15 = ñ	
16 = o	17 = p	18 = q	19 = r	20 = s	
21 = t	22 = u	23 = v	24 = x	25 = y	26 = z

5. 4, 1, 4, 16 ____________________

6. 21, 16, 4, 16, 20 ____________________

7. 21, 16, 13, 1, 2, 1 ____________________

8. 4, 16, 13, 9, 14, 7, 16, 20 ____________________

Nombre ________________________ Fecha ______

Sílabas abiertas con *f, b, v*

Escribe las palabras del banco de palabras en la columna que corresponde. Luego escribe otras palabras en cada columna.

Banco de palabras

balanza	beso	venado	víbora
bucear	familia	fideo	veloz

Sílabas abiertas con *f* como en *foca*	**Sílabas abiertas con *b* como en *bicicleta***	**Sílabas abiertas con *v* como en *vida***
1. ______	6. ______	11. ______
2. ______	7. ______	12. ______
3. ______	8. ______	13. ______
4. ______	9. ______	14. ______
5. ______	10. ______	15. ______
		16. ______

Propósito del autor

Lee la siguiente selección.

Leandro e Isabel montaban a caballo en el campamento. El caballo de Isabel salpicó mucho al cruzar un riachuelo.

—¡Ay! —dijo Isabel.

—No te asustes —dijo Leandro.

—No estoy asustada —dijo Isabel—. Estoy mojada.

—Por eso es divertido montar a caballo —dijo Leandro.

—¿Porque te mojas? —preguntó Isabel.

—No —dijo Leandro—. Porque nunca sabes lo que puede pasar. ¡Un caballo te puede llevar a muchos lugares!

—Me gusta andar a caballo pero más me gusta andar en bicicleta en la ciudad —dijo Isabel—. Una bicicleta te puede llevar a muchos lugares también. Cuando voy en bicicleta, yo soy la que está a cargo. ¡Y no me mojo!

Completa el siguiente mapa de inferencias para mostrar el propósito del autor al escribir esta selección.

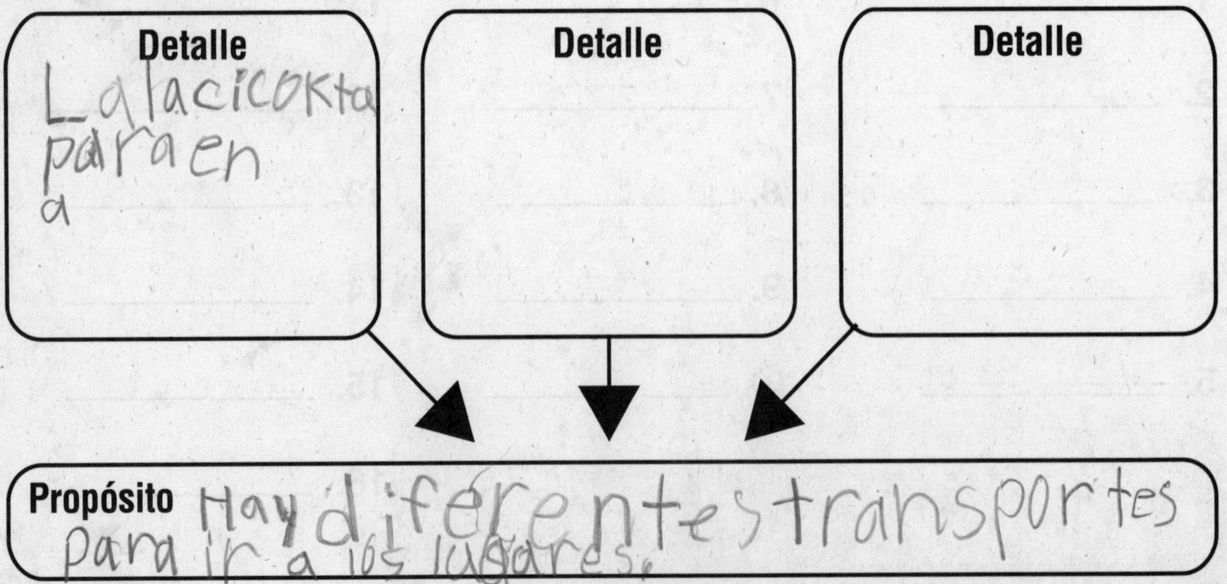

Nombre ______________________ Fecha ______

Henry y Mudge bajo la luna amarilla
Ortografía: Palabras de sílabas abiertas con *f, b, v*

Palabras de sílabas abiertas con *f, b, v*

Palabras de ortografía

Básicas

1. filas
2. botas
3. famosa
4. vacaciones
5. bocinas
6. vacas
7. biblioteca
8. fogata
9. visitan
10. verano
11. favorita
12. ve

De repaso

13. familia
14. vive

Clasifica las palabras de ortografía. Escribe las palabras en la columna de las sílabas abiertas con *f*, con *b* o con *v*.

Sílabas abiertas con *f*	Sílabas abiertas con *b*	Sílabas abiertas con *v*
1. ________	6. ________	9. ________
2. ________	7. ________	10. ________
3. ________	8. ________	11. ________
4. ________		12. ________
5. ________		13. ________
		14. ________

Responde a las preguntas con palabras de ortografía que comienzan con *b*.

15. ¿A dónde vas cuando quieres leer un libro?

____

16. ¿Qué usas para proteger tus pies de la lluvia?

____

Nombre ______________________ Fecha ________

Preguntas

- Una **pregunta** comienza y termina con un **signo de interrogación**. La primera palabra de la pregunta se escribe con letra **mayúscula**.
- Las preguntas pueden comenzar con palabras interrogativas: **quién, qué, cuándo, dónde, cómo** y **por qué**. Recuerda que esas palabras llevan acento cuando encabezan una pregunta.

¿Por qué te gustan los perros?

Pregunta para pensar
¿La oración comienza y termina con un signo de interrogación?

Escribe las preguntas correctamente.

1. dónde vives
   ¿Dónde vives?
2. tienes una camisa
   ¿Tienes una camisa?
3. quién plantó estos árboles
   ¿Quién plantó estos árboles?
4. eso es una ardilla
   ¿eso es una ardilla?
5. a tu familia le gusta el pastel de manzana
   ¿A tu familia le gusta el pastel de manzana?
6. cuándo vendrás a mi casa
   ¿cuándo vendrás a mi casa?

Nombre ______________________________ Fecha ______

Punto de enfoque: Elección de palabras: Palabras sensoriales

Sin palabras sensoriales	Con palabras sensoriales
Corro por la hierba.	Corro por la hierba mojada y siento el calor del sol.

Lee las oraciones. Vuelve a escribir cada oración para incluir palabras sensoriales.

Sin palabras sensoriales	Con palabras sensoriales
1. Veo una bandera por la ventana.	
2. El niño golpea una pelota de béisbol.	
3. La nieve está en el suelo.	
4. El viento sopla.	
5. Comimos una buena cena.	

Nombre ______________________ Fecha ______

Henry y Mudge bajo la luna amarilla
Fonética: Sílabas abiertas con *f, b, v*

Sílabas abiertas con *f, b, v*

Completa las oraciones sobre Fabio y Valeria. Usa las palabras del recuadro.

Usa las palabras con *f* para Fabio y las palabras con *v* para Valeria.

Fabio

1. El deporte _____ de Fabio es el fútbol.

________________________.

2. A Fabio le gusta hacer _____.

________________________.

3. También le gusta tomar _____.

________________________.

Valeria

4. En _____, Valeria va a la casa de su abuela.

________________________.

5. Le encantan las _____.

________________________.

6. Valeria va de visita a la casa de los _____.

________________________.

Nombre Cheyann Fecha 9-26-12

Inferir el propósito del autor

Lee la siguiente selección.

Sara volvía a su casa con su hermana más grande, Amalia. Sara vio un nido viejo.

—¿Por qué los pájaros hacen nidos? —preguntó Sara.

—Los pájaros hacen nidos para cuidar a sus bebés —dijo Amalia.

—¿Entonces un nido es una casa? —preguntó Sara—. Pero no tiene techo. No me gusta mojarme cuando llueve.

—Tampoco te gustaría comer insectos y gusanos —rió Amalia—. Vamos, falta poco para llegar a casa.

—Cuando lleguemos a casa voy a agradecerle a mamá —dijo Sara.

—¿Por cuidarte cuando eras bebé? —preguntó Amalia.

—Por no darnos de comer insectos y gusanos.

Las dos rieron y caminaron juntas hasta su casa.

Luego usa las preguntas y un mapa de inferencias como el que se muestra aquí para inferir el propósito del autor al escribir esta selección.

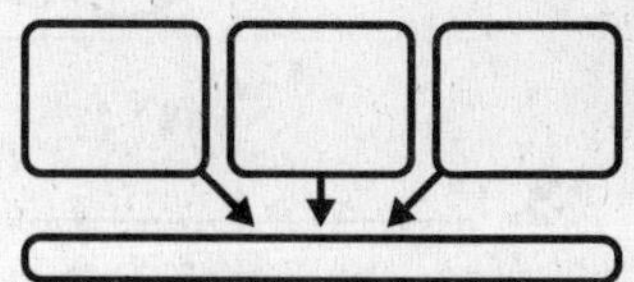

1. ¿Por qué Sara quiere agradecerle a su mamá? porque no les dan insectos y gusanos.

2. ¿Qué detalles indican que es una broma? las niñas rieron

3. ¿Qué quiere mostrar el autor sobre Sara?

Le gusta hacer bromas.

Nombre ____________________ Fecha ________

Henry y Mudge bajo la luna amarilla
Ortografía: Palabras de sílabas abiertas con *f, b, v*

Palabras de sílabas abiertas con *f, b, v*

Palabras de ortografía

Básicas

1. filas
2. botas
3. famosa
4. vacaciones
5. bocinas
6. vacas
7. biblioteca
8. fogata
9. visitan
10. verano
11. favorita
12. ve

De repaso

13. familia
14. vive

Escribe una palabra de ortografía para cada dibujo.

1. ____________________

4. ____________________

2. ____________________

5. ____________________

3. ____________________

6. ____________________

Escribe la palabra de ortografía que completa mejor la oración.

7. La ____________________ bailarina entró en el restaurante.
8. La novela ____________________ para el premio era muy larga.
9. Pasa sus ____________________ en Italia.
10. En la calle, el ruido de las ____________________ era insoportable.

Nombre ______________________ Fecha ______

Fluidez de la oración

Enunciado: A Érica le gustan las manzanas.
Pregunta: ¿Le gustan a Érica las manzanas?
Pregunta: ¿Está David paseando a su perro?
Enunciado: David está paseando a su perro.

Convierte las oraciones en otro tipo de oración. La palabra entre ( ) te indica qué tipo de oración debes escribir.

1. A Érica le gusta subirse a los árboles. (pregunta)

____

2. ¿Necesitan abrigos los niños? (enunciado)

____

3. David alimenta a su perro. (pregunta)

____

4. ¿Está listo David para recoger las manzanas? (enunciado)

____

5. Érica quiere rastrillar las hojas. (pregunta)

____

6. ¿Está David caminando por el bosque? (enunciado)

____

Nombre ______________________________ Fecha ________

Sílabas abiertas con /*k*/

Lee las palabras del recuadro. Tacha las palabras que no contienen el sonido /*k*/. Usa el resto de las palabras para completar las adivinanzas.

cola	cama	árbol
Carola	madre	feria
regalo	ciudad	vestido
comida	cosa	camina
espalda	corre	

Tiene patas y a veces va vestida, tiene la **C**__________ encima y no la puede comer.

¡La mesa!

Tiene cuatro patas y no **C**______________; tiene cabecera y no habla. ¿Qué es?

¡La **C**______________!

¿Qué **C**______________ es que **C**______________ mucho y no tiene pies?

¡El viento!

Tengo **C**______________ y no soy animal. Subo muy alto y **C**______________ me hace bajar.

¡La cometa!

Nombre ______________________ Fecha ______

Causa y efecto

Lee la siguiente selección.

Solía vivir solo en la cima de una colina. Durante todo el día, lo único que hacía era echar fuego y humo a las personas que vivían al pie de la colina. Así, ser un dragón no era muy divertido.

Un día, Ling vino a visitarme. Caminó hasta la cima de la enorme colina. Corrió a través del humo y el fuego. ¡Me invitó a que fuera a su fiesta de cumpleaños!

Como estaba muy sorprendido, me puse a llorar. Mis lágrimas hicieron un río. Las personas que vivían al pie colina usaron mis lágrimas para regar los alimentos que estaban cultivando.

Fui a la fiesta de cumpleaños de Ling. Usé mi fuego para prender velas y dar calor a la gente. ¡A los niños les encantó!

Ahora vivo con mis amigos al pie de la colina. ¡Ahora ser un dragón es muy divertido!

Completa el siguiente mapa de T para mostrar las causas y los efectos que hay en la selección.

Causa ¿Por qué ocurrió?	**Efecto** ¿Qué ocurrió?
1.	**1.**
2.	**2.**
3.	**3.**

Palabras de sílabas abiertas con /k/

Clasifica las palabras de ortografía y escríbelas en la columna de la *c*, la *q* o la *k*.

Palabras con *q*

1. ______________
2. ______________
3. ______________
4. ______________
5. ______________
6. ______________

Palabras con *k*

16. ______________
17. ______________
18. ______________

Palabras con *c*

7. ______________
8. ______________
9. ______________
10. ______________
11. ______________
12. ______________
13. ______________
14. ______________
15. ______________

Palabras de ortografía

Básicas

1. busco
2. parque
3. koala
4. casa
5. kiwi
6. queso
7. común
8. quita
9. cuna
10. saqué
11. curó
12. copo

De repaso

13. kilo
14. conejo

Agrega dos palabras que conozcas a la lista de la letra *q*. Luego, agrega dos palabras que conozcas a la lista de la letra *c*.

Nombre Cheyann Fecha 9-26-12

Diario de una araña
Gramática: ¿Qué es un sustantivo?

Sustantivos de lugares y cosas

El **sustantivo,** además de nombrar a personas y animales, también puede nombrar lugares y cosas.

El leñador está en el bosque.

Pregunta para pensar
¿La palabra subrayada nombra un lugar o una cosa?

Lee las oraciones. Escribe si el sustantivo subrayado nombra un lugar o una cosa.

1. Mariquita comió galletas.
cosas

2. Escarabajo horneó una tarta.
cosa

3. Araña fue al mercado.
lugar

4. Mariposa escribe una canción.
cosa

5. La fiesta se celebrará en el colegio.
lugar

6. A Mosca le encantan las fiestas.
lugar

Nombre ______________________ Fecha ________

Punto de enfoque: Ideas
Idea principal

Todas las oraciones de un párrafo deben ser sobre la idea principal. A continuación, el escritor tachó una oración porque no era sobre la idea principal.

Idea principal: Hoy fui al parque con mi hermana.

Hoy fui al parque con mi hermana. Nos subimos al subibaja. No funcionó. ~~El abuelo dice que en su época las moscas y las arañas no se llevaban bien~~. Nos subimos al columpio de llantas. No funcionó, tampoco.

Lee la idea principal y los detalles de abajo. Tacha la oración de detalle que no agrega nada a la idea principal.

1. **Idea principal:** Dormiré en la casa de mi amigo.

   Luego de la cena, miraremos una película.
   Nos quedaremos despiertos hasta tarde.
   Hoy me olvidé mi tarea.
   Contaremos historias de fantasmas.

2. **Idea principal:** Se aproxima una fuerte tormenta.

   El viento vuela las cosas.
   A mis amigos les gusta nadar en la piscina.
   El cielo se está poniendo oscuro.
   Ha empezado a caer una lluvia fría.

Nombre ______________________ Fecha __________

Sílabas abiertas con /*k*/

Completa las oraciones. Usa las palabras del recuadro.

Banco de palabras

cavar	parque	comenzar	mágica
kiwis	saca	que	

1. Mi abuela y yo estamos arreglando el ______________.
2. Hay que ______________ por juntar las herramientas.
3. Después, la abuela ______________ las malas hierbas.
4. También hay ______________ plantar nuevas plantas.
5. Para eso es necesario ______________ varios hoyos.
6. Mi abuela trajo unas semillas de una planta ______________.
7. ¡Ella dice que cuando crezcan nos darán unos hermosos ______________!

Nombre ______________________ Fecha ______

Diario de una araña
Comprensión: Causa y efecto

Causa y efecto

Lee el siguiente cuento.

Soy una araña peluda y grande con muchos ojos diminutos. Vivía en el este, pero quería mudarme. ¡Allí las personas gritaban cada vez que me veían!

Por eso vine al sudeste en una caja de manzanas. Aquí, el sol siempre es cálido y la arena es suave. Duermo siestas largas. Uso mis largos dientes para conseguir cosas para comer.

Me encanta jugar con mi amigo Escarabajo. A veces lanzamos unas pelotas grandes en la arena. Después las enterramos. Siempre me olvido dónde están escondidas, pero Escarabajo las encuentra. Cuando jugamos al escondite, siempre me encuentra inmediatamente. Su gran olfato hace que sea fácil para él oler cosas. ¡Solo tiene que usar su olfato para encontrarlas!

Responde a las preguntas para mostrar otras causas y efectos del cuento. Luego completa el mapa de T.

1. ¿Por qué la gente grita cada vez que ve a esta araña?

____

____

2. Escarabajo tiene un gran olfato
¿Qué efecto tiene en su vida?

____

Nombre ______________________ Fecha ______

Diario de una araña
Ortografía: Palabras de sílabas abiertas con /k/

Palabras de sílabas abiertas con /k/

Palabras de ortografía

Básicas

1. busco
2. parque
3. koala
4. casa
5. kiwi
6. queso
7. común
8. quita
9. cuna
10. saqué
11. curó
12. copo

De repaso

13. kilo
14. conejo

Escribe la palabra de ortografía que pertenece a cada grupo.

1. tigre, elefante, ______________
2. bebé, biberón, ______________
3. gallina, pato, ______________
4. gramo, yarda, ______________
5. pan, jamón, ______________
6. manzana, naranja, ______________
7. edificio, departamento, ______________
8. jeringa, médico, ______________
9. semillas, rosal, ______________

Lee las palabras. Escribe la palabra de ortografía que significa lo opuesto.

10. encuentro ______________
11. inusual ______________
12. da ______________

Nombre ______________________ Fecha ______

Sustantivos de personas, animales, lugares y cosas

Escribe el sustantivo que nombra una persona o un animal en las oraciones.

1. La niña ve la telaraña.

____

2. El niño grita.

____

3. Las arañas se escaparon.

____

4. Los perros se asustaron.

____

Escribe el sustantivo que nombra un lugar o una cosa.

5. Araña lleva una maleta.

____

6. Escarabajo se pone el sombrero.

____

7. Martín corre por el parque.

____

8. Laura estudia en la sala.

____

Nombre ______________________ Fecha ______

Claves de contexto

Lee las oraciones. Usa las claves de contexto para deducir el significado de las palabras subrayadas. Encierra en un círculo la definición que coincide con el significado de la palabra.

1. Nos gusta viajar a muchos países. A veces viajamos en avión. Otras veces viajamos en barco.

a. comer

b. recorrer

c. crecer

2. Quiero aprender a tocar el piano. Una profesora de piano puede enseñarme a tocar.

a. llegar a saber

b. leer sobre algo

c. ver

3. Los gatos se escapan cuando los perros los asustan.

a. gritan

b. saltan o brincan

c. hacen que alguien sienta miedo

4. Julio lleva la carpeta a su casa en la mochila.

a. olvida

c. traslada

c. esconde

Nombre ____________________ Fecha ______

Diario de una araña
Ortografía: Palabras de sílabas abiertas con /k/

Corregir la ortografía

Palabras de ortografía

Básicas
1. busco
2. parque
3. koala
4. casa
5. kiwi
6. queso
7. común
8. quita
9. cuna
10. saqué
11. curó
12. copo

De repaso
13. kilo
14. conejo

Corrige el anuncio. Tacha las cuatro palabras con errores ortográficos. Luego, escríbelas correctamente en el margen.

Compañeros de clase. Busqo músicos para la banda de la escuela. Gente con talento poco komún. El año pasado con mi grupo sacé las mejores notas. Pueden traer sus instrumentos, si es que pesan menos de un qilo.

Encierra en un círculo seis palabras de ortografía en la sopa de letras. Luego, escribe las palabras debajo.

S	P	A	R	Q	U	E	D	K
Q	Ñ	L	K	U	J	H	F	O
Z	C	V	B	I	N	M	L	A
C	A	S	A	T	H	J	K	L
D	F	G	H	A	C	U	N	A
S	A	C	O	P	O	A	A	Q

1. ____________________ 4. ____________________

2. ____________________ 5. ____________________

3. ____________________ 6. ____________________

Nombres de meses, días de la semana y días festivos

Encierra en un círculo el sustantivo correcto para completar cada oración.

1. Mi cumpleaños es el 2 de (mayo, Mayo).
2. Mañana es el picnic del 4 de (julio, Julio).
3. Todos los (Martes, martes) tengo clase de flauta.
4. El (Jueves, jueves) es el Día de Acción de Gracias.

Elige la opción correcta para completar las oraciones y escríbela en el espacio en blanco.

5. Cumplo años el 4 de ______________________.

   julio **Julio**

6. El mismo día que el ______________________ de la Independencia.

   día **Día**

7. Este año lo festejaremos el ______________________.

   Sábado **sábado**

8. En Año ______________________ también hay festejos.

   nuevo **Nuevo**

Nombre ______________________ Fecha ________

Elección de palabras

Sustantivo	Sustantivo preciso
animal	araña
lugar	parque

Reemplaza las palabras subrayadas con un sustantivo preciso del recuadro de palabras de abajo.

Las arañas están haciendo un picnic. Todos los invitados al picnic traen algo para comer. Escarabajo trae comida (1). Oruga trae bebida (2). La fiesta es cerca de las flores (3). Los animalitos cantan y bailan. Se divierten mucho. Insecto (4) se tiene que ir temprano. Abejita tiene lecciones de vuelo. Pájaro (5) es el maestro.

Cuervo	rosas	Abeja	pasta	jugo

1. ______________________
2. ______________________
3. ______________________
4. ______________________
5. ______________________

Sílabas abiertas con *ch, ñ*

¡Matías no puede decidirse! Ayúdalo escribiendo las palabras del recuadro. Compara tus opiniones con las opiniones de un compañero.

Banco de palabras

leche	chocolate	cucaracha	chaleco
chícharos	lechuga	mañana	noche
moño	pañuelo	araña	muñeca

1. ¿Cuál es el mejor refrigerio?

____

____

2. ¿Qué animal es la mascota más extraña?

____

____

3. ¿Cuáles son tus verduras favoritas?

____

____

4. ¿Qué ropa usas cuando hay mucho viento?

____

____

5. ¿Qué parte del día es mejor para hacer la tarea?

____

____

6. ¿Cuál es el mejor regalo para una niña?

____

____

Estructura del cuento

Lee la siguiente selección.

¡Todos hablaban del tema! Dos ballenas se habían equivocado. ¡Estaban nadando en el río y no en el océano!

María y su papá fueron al río a ver las ballenas. Había cientos de personas. Papá levantó a María y la sentó sobre sus hombros. Ella miró el río.

¡Allí estaban! Las ballenas, enormes y brillantes, nadaban por el río. Luego, desaparecieron.

Papá le sonrió a María.

—¿Cómo te sientes ahora? —le preguntó.

—¡Ay, papá! —dijo María —. ¡Estoy tan contenta de haberlas visto! ¡Y también de que hayan podido regresar a su hogar!

Completa el mapa del cuento para mostrar las partes del cuento.

Personajes	**Ambiente**
Trama	
Comienzo	
Medio	
Final	

Las mascotas de la maestra
Ortografía: Palabras de sílabas abiertas con *ch, ñ*

Palabras de sílabas abiertas con *ch*, *ñ*

Clasifica las palabras de ortografía y escríbelas en la columna correcta.

Palabras con *ch*	Palabras con *ñ*
1. ______	8. ______
2. ______	9. ______
3. ______	10. ______
4. ______	11. ______
5. ______	12. ______
6. ______	13. ______
7. ______	14. ______

Palabras de ortografía

Básicas

1. chévere
2. moño
3. chico
4. chaleco
5. chirriar
6. chivo
7. chillar
8. niño
9. extraña
10. seña
11. cariño
12. baño

De repaso

13. señorita
14. noche

Escribe las palabras de ortografía que corresponden a las siguientes pistas.

15. Esta palabra de ortografía tiene una *ch* en la segunda sílaba. ______________

16. Esta palabra de ortografía con *ñ* tiene cuatro sílabas.

____

Nombre ______________________ Fecha ______

Formar sustantivos femeninos

- Un **sustantivo** nombra a una persona, animal, lugar o cosa.
- Un **sustantivo femenino** se puede formar al cambiar la terminación *-o* de un sustantivo masculino por la terminación *-a*.
- Algunos sustantivos terminados en *-e* también son femeninos, como *suerte*.

Masculino	Femenino
El perro ladraba.	La perra ladraba.

Pregunta para pensar
¿El sustantivo es masculino o femenino?

Subraya la opción correcta. Escribe la oración.

1. (La gato/La gata) cuidaba de sus cachorros.

____

2. (La maestro/La maestra) estaba distraída.

____

3. (La conejito/La conejita) saltó.

____

4. (Las compañeras/Las compañeros) hacían la tarea.

____

5. (Las niñas/Los niñas) se sorprendieron.

____

6. Juan dice que ganó gracias a (el suerte/la suerte).

____

Punto de enfoque: Fluidez de las oraciones Palabras de orden y tiempo

Palabras de orden y tiempo
primero, luego, por último, pronto, después mañana, más tarde, anoche, hoy

Lee las oraciones. Vuelve a escribir las oraciones agregando las palabras de orden y tiempo dadas.

1. El cachorrito corrió mucho. Se sentó. (Luego,)

____

2. Estaba oscureciendo. Sería hora de volver a casa. (Pronto)

____

3. El cachorrito se levantó. Corrió a su casa. (Después,)

____

4. Escribe dos oraciones. Usa al menos una palabra de secuencia.

____

____

Nombre ______________________ Fecha ______

Repaso acumulativo

Lee las pistas. Escribe la palabra correcta en la línea.

Banco de palabras

cigüeña
techo
noche
araña
sueño
cachorro
cariño
hacha

1. Empieza con la primera sílaba de **nota**.
Rima con **coche**.
La acompañan la luna y las estrellas.
¿Qué es?

____

2. Empieza con las primeras dos sílabas de **arado**.
Rima con **baña**.
Es un animal con ocho patas.
¿Qué es?

____

3. Empieza con la primera sílaba de **suelo**.
Rima con **dueño**.
Lo sientes al ir a dormir.
¿Qué es?

____

4. Empieza con la primera sílaba de **casa**.
Rima con **morro**.
Es la cría de un perro.
¿Qué es?

____

5. Empieza con la primera sílaba de **hada**.
Rima con **tacha**.
Se usa para cortar leña.
¿Qué es?

____

6. Empieza con la primera sílaba de **cine**.
Rima con **enseña**.
Es un pájaro con un pico largo.
¿Qué es?

____

Estructura del cuento

Lee la siguiente selección.

—No puedo encontrar mis lápices —dijo el señor Juárez a su gato, Félix—. Ayer no pude encontrar mis bolígrafos.

Félix, que estaba acostado en su almohadón, levantó la vista y bostezó. El señor Juárez fue a buscar la llave de su casa. ¡No estaba sobre la mesa!

Comenzó a buscar la llave. Levantó los almohadones del sofá. Buscó debajo de sus papeles y en las pilas de libros. Revisó los bolsillos de los abrigos y dentro de los zapatos viejos. ¡Nada!

Por último, el señor Juárez dijo a Félix:

—Es hora de revisarte.

Félix se levantó de un salto y salió corriendo. Allí, en el almohadón de Félix, había cinco lápices, tres bolígrafos y un juego de llaves.

Responde las preguntas sobre los elementos del cuento para volver a contar el cuento.

1. ¿Cuál es el ambiente y quiénes son los personajes del cuento?

____

____

2. Escribe un suceso del comienzo, uno del desarrollo y uno del final del cuento para completar un mapa del cuento. Vuelve a contar el cuento.

____

____

____

____

Nombre ______________________ Fecha ________

Palabras de sílabas abiertas con *ch, ñ*

Escribe una palabra de ortografía para cada pista.

1. significa *pequeño* ____________

2. prenda de vestir ____________
3. parte de una casa ____________

4. significa *rara* ____________
5. animal parecido a una cabra ____________
6. significa *excelente, bonito* ____________
7. opuesto a *día* ____________

Escribe la palabra de ortografía que tiene sentido.

8. Esta palabra hace referencia a ti. ____________
9. Esta palabra rima con *leña.* ____________
10. Esta palabra indica lo que sientes por tus amigos y familia.
____
11. Lo haces si te asustas. ____________
12. Lo que hace una puerta vieja. ____________

Palabras de ortografía

Básicas

1. chévere
2. moño
3. chico
4. chaleco
5. chirriar
6. chivo
7. chillar
8. niño
9. extraña
10. seña
11. cariño
12. baño

De repaso

13. señorita
14. noche

Nombre ______________________________ Fecha ________

Sustantivos masculinos y femeninos

Clasifica los sustantivos del recuadro en masculinos o femeninos. Escríbelos en la columna correcta.

Banco de palabras

conejo	rana	gallo	pata
lagartija	ratón	grillo	mariposa

Sustantivos femeninos	**Sustantivos masculinos**
1. ____________________	5. ____________________
2. ____________________	6. ____________________
3. ____________________	7. ____________________
4. ____________________	8. ____________________

Subraya la opción correcta para completar las oraciones. Escribe la nueva oración. Escribe *F* si usaste un sustantivo femenino y *M* si usaste un sustantivo masculino.

9. Los (pájaros/pájaras) entraron volando por la ventana.

____

10. La (perrito/perrita) comenzó a ladrar.

____

Nombre ________________________________ Fecha ________

Las mascotas de la maestra
Estrategias de vocabulario:
Sufijos *-s, -es, -ces*
(plural de sustantivos)

Sufijos *-s, -es, -ces* (plural de sustantivos)

Elige la palabra que completa mejor cada oración. Escribe la palabra en la línea.

1. Los ______________ fueron a jugar al parque ayer.

   niños **niño**

2. Victoria compró ______________ para su mamá.

   flors **flores**

3. La maestra nos explicó el ejercicio dos ______________.

   vez **veces**

4. Papá no encontraba las ______________ del auto.

   llaves **llave**

5. La abuela me regaló una caja de ______________ de colores.

   lápices **lápizes**

6. Hoy plantamos dos ______________ en nuestro jardín.

   árbols **árboles**

Las mascotas de la maestra
Ortografía: Palabras de sílabas abiertas con *ch, ñ*

Corregir la ortografía

Palabras de ortografía

Básicas

1. chévere
2. moño
3. chico
4. chaleco
5. chirriar
6. chivo
7. chillar
8. niño
9. extraña
10. seña
11. cariño
12. baño

De repaso

13. señorita
14. noche

Corrige el párrafo. Encierra en un círculo las seis palabras con errores ortográficos. Luego, escribe las palabras correctamente en las líneas de abajo.

Me gusta el invierno. ¡Es una estación tan yévere! La senorita López siempre nos invita con una taza de chocolate. Por la tarde, juego con algún ninio del vecindario. Hoy hicimos un muñeco de nieve cico pero muy bonito. Cada nochie me doy un banio caliente y me siento al calor del fuego con mi familia.

1. ______________ 4. ______________

2. ______________ 5. ______________

3. ______________ 6. ______________

Agrega letras a las siguientes palabras para formar una cadena de palabras. Usa tantas palabras de ortografía como puedas.

```
    C
    A
    R
  N I Ñ O
    Ñ
    O
```

Nombre ______________________ Fecha ______

La oración

Lee los grupos de palabras. Di cuáles son frases y cuáles son oraciones.

1. nuestra mascota ______________
2. Nuestra lagartija es pequeña. ______________
3. comiendo zanahorias ______________
4. La rana salta más alto que el conejo. ______________
5. una tortuga ______________

Agrega un sujeto o un predicado a las frases que marcaste arriba para trasformarlas en oraciones completas.

6. ______________________________
7. ______________________________
8. ______________________________

Nombre ______________________ Fecha ______

Convenciones

Sustantivos femeninos	Sustantivos masculinos
lagartija	sapo
maestra	maestro

Identifica los errores en las palabras subrayadas y vuelve a escribir las oraciones correctamente.

1. Hay <u>muchos</u> mascotas en la escuela.

____

2. Una <u>conejo</u> vive en el salón de primer grado.

____

3. Un <u>pata</u> grazna en el salón de segundo grado.

____

4. <u>El</u> serpiente silba en el salón de tercer grado.

____

5. Los estudiantes de cuarto grado alimentan a <u>unos</u> arañas.

____

6. Hay <u>muchas</u> animales viviendo en la escuela.

____

Nombre ______________________________ Fecha ________

Sílabas abiertas con *ll, y*

Escribe el nombre de los dibujos. Luego, encierra en un círculo las sílabas que empiezan con *ll* o *y*.

1. ____________ 2. ____________ 3. ____________

4. ____________ 5. ____________ 6. ____________

7. ____________ 8. ____________ 9. ____________

Nombre ______________________________ Fecha ________

Una o más de una cosa

Animales que construyen casas
Gramática:
Sustantivos singulares y plurales

- Un sustantivo **singular** indica una sola persona, animal, cosa o lugar.
- Un sustantivo **plural** indica más de una persona, animal, cosa o lugar.

un zorro dos zorros

Dos (zorro, zorros) viven en la madriguera.

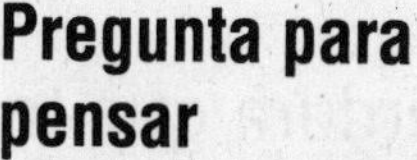

Pregunta para pensar
¿El sustantivo indica una cosa o más de una cosa?

Decide si el sustantivo subrayado es singular o plural.

1. La madriguera de los zorros está junto a un arbusto.

   singular **plural**

2. Mamá Zorra amasa dos pasteles.

   singular **plural**

3. También prepara una deliciosa tarta.

   singular **plural**

4. Papá Zorro come una manzana.

   singular **plural**

5. Bebé Zorro come dos melocotones.

   singular **plural**

Nombre ______________________ Fecha ______

Sílabas abiertas con *ll, y*

Responde a las pistas usando las palabras que aparecen debajo de cada una.

1. Verdura que te hace llorar: ______________________

   Parte amarilla del huevo: ______________________

   cebolla **yema**

2. Primera comida del día: ______________________

   Animal que tiene dos jorobas: ______________________

   camello **desayuno**

3. Mueble donde puedes sentarte: ______________________

   Tipo de barco: ______________________

   yate **silla**

4. Juguete para niños: ______________________

   Recipiente para cocinar: ______________________

   yoyó **olla**

5. Agujero en la tierra: ______________________

   Animal que pone huevos: ______________________

   gallina **hoyo**

Nombre ______________________ Fecha ______

Características de textos y de los elementos gráficos

La lechuza

La lechuza es un ave de color marrón con cara blanca. Su cara tiene forma de corazón. El pico es de color amarillento, como el **marfil**. La lechuza tiene plumas en las patas.

Cazar para comer

La lechuza caza sola por la noche. Sus **presas** son animales pequeños, como los ratones. Puede ver y oír el más mínimo movimiento. Sus alas son casi **silenciosas**. El ratón no la oye acercarse. La lechuza atrapa al ratón y se aleja volando.

Buscar un hogar

Hace mucho tiempo, la lechuza vivía en graneros en las granjas. Se alimentaba de los ratones que vivían en el granero. Hoy en día, la lechuza vive en edificios o en los huecos de los árboles cercanos a campos y bosques.

Lee la selección anterior. Luego, completa el mapa de T usando las características del texto y responde las preguntas acerca de lo que leíste.

1. ¿De qué color es el **marfil**?	**1.**
2. ¿Qué es una **presa**? ¿Cuál es la presa de la lechuza?	**2.**
3. ¿Dónde vive la lechuza hoy en día?	**3.**

Nombre _______________ Fecha _______

Animales que construyen casas
Ortografía:
Palabras de sílabas abiertas con *ll*, *y*

Palabras de sílabas abiertas con *ll*, *y*

Clasifica las palabras de ortografía y escríbelas en las columnas de la *ll* y la *y*.

Palabras con *ll*	Palabras con *y*
______________	______________
______________	______________
______________	______________
______________	______________
______________	______________
______________	______________
______________	______________

Ahora agrega una palabra que conozcas a cada lista.

Palabras de ortografía

Básicas

1. lleva
2. lluvia
3. llover
4. llamar
5. llave
6. llegar
7. yate
8. yema
9. yeso
10. yoyó
11. yogur
12. yuca

De repaso

13. ya
14. llenar

Nombre ______________________ Fecha ______

Repaso acumulativo

Lee las palabras del recuadro. Escribe la palabra que completa cada oración.

Banco de palabras

cabaña	muchacha	rebaño
pecho	moño	cuchillo

1. El pastor cuida el ______________ de ovejas.
2. Tengo un tenedor, pero me falta un ______________ para cortar.
3. Dormimos en una ______________ en el bosque.
4. Algunos pájaros tienen el ______________ rojo.
5. El oso de peluche tiene un ______________ azul.
6. Sonia es una ______________ muy divertida.

Escribe en la línea una palabra que tenga la sílaba correspondiente.

7. cha ______________ 9. chi ______________ 11. cho ______________

8. ña ______________ 10. ñe ______________ 12. ño ______________

Nombre ______________________ Fecha ______

Animales que construyen casas
Comprensión:
Características de textos y de los elementos gráficos

Características de textos y de los elementos gráficos

Lee la siguiente selección.

La extraña vida del koala

El koala parece un oso porque es pequeño y peludo. Pero no es un oso. Es un **marsupial**, como el canguro.

Refugio

No encontrarás koalas en nidos o madrigueras. Pasan su vida en la copa de los **eucaliptos**. Estos árboles pueden crecer hasta los 400 metros de altura. Los koalas se sientan en las ramas altas y se mantienen a salvo de los **depredadores** que están abajo.

Dieta

Los koalas comen solo una cosa: hojas de eucalipto. Un koala adulto come entre 1 y 2 libras de hojas por día. El koala no necesita beber agua. Obtiene todo lo que necesita de las hojas.

Usa las características de textos y los elementos gráficos para responder a las preguntas. Completa un mapa de T y escribe tus respuestas en una hoja aparte.

1. Basándote en los subtítulos, ¿qué puedes predecir que aprenderás?

2. Repasa las palabras en negrita. ¿Por qué crees que están en negrita?

Nombre ______________________ Fecha ______

Palabras de sílabas abiertas con *ll, y*

Usa las palabras de ortografía para completar el cuento.

Mi papá siempre (1) ______________ una tienda en el auto porque nos gusta mucho acampar. Este año papá decidió (2) ______________ a su amigo Juan para preguntarle si quería acompañarnos porque él nos ha invitado a navegar en su (3) ______________ varias veces. Mientras mamá preparaba la canasta, un (4) ______________ cayó al piso y el perro se lo comió en un segundo. Tardamos un rato en salir porque papá no encontraba la (5) ______________ del auto.

Antes de (6) ______________ al bosque, comenzó a (7) ______________ suavemente. Sin embargo, cuando estábamos en el bosque, se desató una tormenta. Todos corrimos y yo traté de protegerme bajo una planta de (8) ______________. Por suerte, pronto salió el sol y pasamos unos días maravillosos.

Palabras de ortografía

Básicas

1. lleva
2. lluvia
3. llover
4. llamar
5. llave
6. llegar
7. yate
8. yema
9. yeso
10. yoyó
11. yogur
12. yuca

Usa las palabras de ortografía para completar los espacios en blanco.

9. La parte amarilla del huevo se llama ______________.
10. El niño se quebró el brazo y el médico le puso un ______________.
11. Los días de ______________ me gusta ir al cine.
12. Mi abuelo me regaló un ______________ para mi cumpleaños.

Nombre ______________________________ Fecha ________

Plurales con *-ces*

- Algunos sustantivos plurales cambian su ortografía para nombrar más de una cosa. Para formar el plural de los sustantivos terminados en *z*, la *z* cambia a *c* y se agrega *-es*.

un pez   dos peces

Escribe el sustantivo correcto para completar las oraciones. Lee las oraciones para asegurarte de que tengan sentido.

1. Los ____________________ son las aves más grandes que existen. (avestruz, avestruces)

2. Por el contrario, las ____________________ son muy pequeñas. (perdiz, perdices)

3. El avestruz no se alimenta de ____________________. (lombrizes, lombrices)

4. Los huevos del avestruz son enormes, pero las ____________________. ponen huevos muy pequeños. (codorniz, codornices)

5. Muchas ____________________, más de un avestruz hembra pone huevos en un mismo nido. (vezes, veces)

6. Si quieres dibujar un avestruz, necesitarás ____________________ de varios colores para colorear sus plumas y su largo cuello. (lápiz, lápices)

Nombre ______________________________ Fecha ________

Los prefijos: *in-*, *im-*, *des-* y *re-*

Elige la palabra del recuadro que completa mejor las oraciones. Escribe la palabra en la línea.

Banco de palabras

impaciente	incorrecto	releer	rellena
incómoda	desagradable	descongelar	

1. No pude dormir bien porque la cama era muy ______________ .
2. Juan estaba ______________ por ver nuevamente a sus amigos.
3. Sara ______________ el pastel y su mamá lo cocina.
4. El resultado del problema es ______________. Revísalo.
5. Debes ______________ el cuento para comprenderlo mejor.
6. Debes ______________ la carne antes de cocinarla.
7. El olor de un zorrillo puede ser muy ______________.

Nombre ______________________________ Fecha ______

Corregir la ortografía

Animales que construyen casas
Ortografía: Palabras de sílabas abiertas con *ll, y*

Corrige el cuento. Encierra en un círculo las seis palabras con errores ortográficos. Luego, escribe las palabras correctamente en las líneas de abajo.

Necesitaba legar al correo antes de que cerrara. Cuando estaba por salir de casa, comenzó a yover. Como tengo un lleso en la pierna, decidí lamar a papá para que me llevara en el auto. Tenía solo veinte minutos y no encontraba la yave de casa. ¡Qué nervios! Al entrar al correo, vi que había una fila larga. Pero, finalmente, cuando llegó mi turno, solo tuve que lenar un papel con mi nombre y comprar un sello para mi carta.

Palabras de ortografía

Básicas

1. lleva
2. lluvia
3. llover
4. llamar
5. llave
6. llegar
7. yate
8. yema
9. yeso
10. yoyó
11. yogur
12. yuca

1. ______________________ 4. ______________________

2. ______________________ 5. ______________________

3. ______________________ 6. ______________________

Escribe las sílabas para completar las palabras básicas.

7. ___ + ma 9. ___ + ca

8. ___ + via 10. ___ + gur

Nombre ______________________________ Fecha ________

Partes de la oración

Animales que construyen casas
Gramática: Repaso en espiral

Lee las oraciones. La parte que cuenta está subrayada. Traza dos líneas debajo de la parte que nombra.

1. El perro y el gato viven en la casa.
2. El cachorrito y el gatito juegan juntos.
3. Un hombre y una mujer los alimentan.
4. Un niño y una niña los acarician.
5. Una tía y un tío nos visitan.

Lee las oraciones. La parte que nombra tiene dos líneas debajo. Subraya la parte que cuenta.

6. Los tigres y los osos duermen en cuevas.
7. Las tortugas y los caracoles viven en caparazones.
8. Las abejas y las avispas hacen panales.
9. Los pájaros y los ratones construyen nidos.
10. Las taltuzas excavan madrigueras.

Nombre ______________________ Fecha ______

Fluidez de la oración

Oraciones cortas	Oración nueva con sujeto combinado
Los zorros viven en madrigueras. Los osos viven en madrigueras.	Los zorros y los osos viven en madrigueras.

Oraciones cortas	Oración nueva con sujeto combinado
Los ratones hacen sus propios nidos. Los pájaros hacen sus propios nidos.	Los ratones y los pájaros hacen sus propios nidos.

Lee las siguientes oraciones. Usa y para combinar los sujetos. Escribe la nueva oración en la línea.

1. Los gansos vuelan a lugares cálidos en invierno.
   Los patos vuelan a lugares cálidos en invierno.

   ____

2. Los linces viven en lugares fríos.
   Los pingüinos viven en lugares fríos.

   ____

3. Las ardillas usan las ramas de los árboles.
   Los cuervos usan las ramas de los árboles.

   ____

4. Las crías de los pinzones se alimentan en sus nidos.
   Las crías de los cardenales se alimentan en sus nidos.

   ____

   ____

Punto de enfoque: Organización
Contar de nuevo la secuencia de sucesos

Sucesos desordenados	Sucesos en orden
Me levanté. Me cepillé los dientes. Puse pasta de dientes en el cepillo.	**1.** Me levanté. **2.** Puse pasta de dientes en el cepillo. **3.** Me cepillé los dientes.

Trabaja con un compañero. Numera cada grupo de oraciones en el orden que tenga más sentido.

1. ___ Me puse los zapatos.
___ Me puse los calcetines.
___ Me até los zapatos.

2. ___ Cené.
___ Desayuné.
___ Almorcé.

Trabaja por tu cuenta. Numera los grupos de oraciones en un orden que tenga sentido.

3. ___ Las plantas empezaron a crecer.
___ Sembramos las semillas.
___ Cavamos la tierra.

4. ___ Saqué un vaso.
___ Me serví leche.
___ Tomé la leche.

5. ___ Me fui a la escuela.
___ Me desperté.
___ Tomé la bolsa con mi almuerzo.

Nombre ______________________ Fecha ________

Esas feas verduras
Fonética: Sílabas abiertas con *g* suave

Sílabas abiertas con *g* suave

Escribe una palabra del recuadro para completar las siguientes oraciones.

Banco de palabras

amigo llegó figura ganas tengo

1. Mi tío Gabriel ______________ de viaje ayer.
2. Mi mejor ______________ se llama Tomás.
3. El triángulo es una ______________ geométrica.
4. Hoy no fui a la escuela porque ______________ fiebre.
5. Manuel tiene ______________ de tomar un helado.

Responde a cada pista usando las palabras del recuadro.

Banco de palabras

jugo higo gorrión tortuga laguna

6. Fruto de la higuera ______________
7. Bebida hecha con frutas ______________
8. Lago pequeño ______________
9. Tipo de ave ______________
10. Animal que camina muy lento ______________

Nombre ______________________________ Fecha ______

Conclusiones

Lee la siguiente selección.

Tomates de invierno

Me encantan los tomates que cultivamos en verano. Le dije a mamá que quería que los cultiváramos en invierno. Ella me ayudó a sembrar una huerta de tomates de invierno.

Sembramos las semillas en macetas pequeñas. Pronto aparecieron brotecitos verdes. Cuando las plantas tenían tres semanas, mamá y yo las pusimos en macetas más grandes. Coloqué las macetas en un rincón soleado del granero. Luego, me aseguré de que las plantas recibieran suficiente agua y luz solar.

Pronto había unos pequeños tomates verdes. Luego, se pusieron de color anaranjado y finalmente, rojos.

Corrí hasta la calle y puse un cartel: "Venta de tomates". ¡Las personas hacían fila para comprarlos! Cuando mamá vio cuánto dinero habíamos ganado, sonrió.

Saca conclusiones para responder a las preguntas. Completa un mapa de inferencias en una hoja aparte.

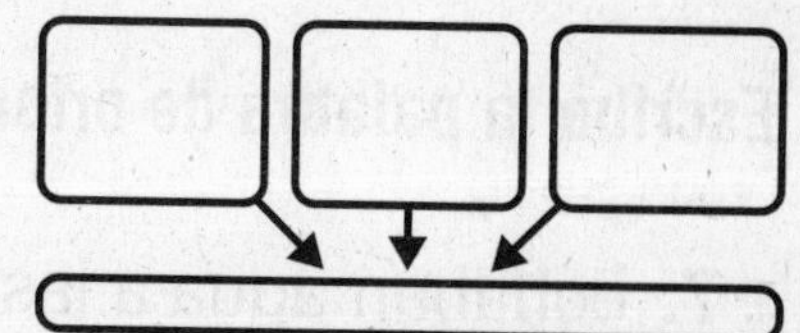

¿Dónde crees que vive el narrador? Busca pistas en el texto para apoyar tu respuesta.

____

____

____

____

Nombre ______________________ Fecha ________

Palabras de sílabas abiertas con *g* suave

Palabras de ortografía

Básicas

1. gusanos
2. regaban
3. regaderas
4. delgadas
5. agarró
6. gorra
7. garra
8. gorila
9. aguja
10. goloso
11. gota
12. galleta

De repaso

13. ganas
14. goma

Escribe la palabra de ortografía para cada dibujo.

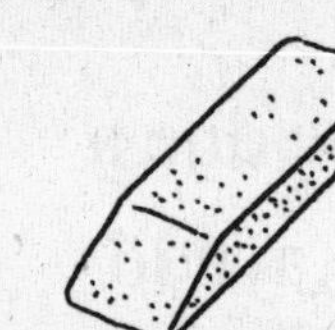

1. ______________________

4. ______________________

2. ______________________

5. ______________________

3. ______________________

6. ______________________

Escribe la palabra de ortografía que coincide con cada pista.

7. echaban agua a las plantas ____________
8. opuesto de *gruesas* ____________
9. que le gustan mucho los dulces ____________
10. mano o pie de un animal con uñas fuertes ____________
11. tomó fuertemente con las manos ____________
12. recipientes para echar agua a las plantas ____________

Nombre ______________________ Fecha ______

Esas feas verduras
Gramática: Sustantivos propios

Escribir sustantivos propios

Vuelve a escribir las oraciones. Escribe correctamente el nombre de cada persona o animal específico.

1. Mi amigo marcos visita mi huerta.

____

2. Le regalé girasoles a cristina garcía.

____

3. Le doy agua a nuestro perro manchita.

____

Vuelve a escribir las oraciones. Escribe correctamente el nombre del lugar específico.

4. En la calle españa se cultivan uvas.

____

5. En italia se cultivan aceitunas.

____

6. En california se cultivan manzanas.

____

Nombre ______________________________ Fecha ________

Homófonos

Banco de palabras

hola	bota	tuvo	casa
ola	vota	tubo	caza

Elige la palabra del recuadro que completa mejor las oraciones. Escribe la palabra en la línea.

1. Salí de la escuela y volví caminando a ________________.

2. Una ________________ enorme me arrastró hasta la playa.

3. Hoy la clase ________________ para elegir a su presidente.

4. Muchos pueblos antiguos vivían de la ________________ de animales.

5. Cuando me vio, levantó la mano y dijo: "________________".

6. ¿Alguien ha visto el ________________ de pasta de dientes?

7. Matías ________________ que volver a escribir el cuento porque tenía muchos errores.

8. Ayer llevé una ________________ al zapatero para que la remendara.

Nombre ______________________________ Fecha ______

Corregir la ortografía

Esas feas verduras
Ortografía: Palabras de sílabas abiertas con *g* suave

Corrige la entrada del diario. Encierra en un círculo las cinco palabras con errores ortográficos. Luego, escribe las palabras correctamente en las líneas de abajo.

Hoy fuimos a visitar una huerta con la clase. Dos mujeres rejaban las plantas de tomates. Nos prestaron unas reguaderas para que las ayudáramos. Un señor con una gora roja arrancaba las malas hierbas. Juan agaró una pala sin permiso para buscar guisanos en la tierra y la maestra lo regañó.

1. ______________________
2. ______________________
3. ______________________
4. ______________________
5. ______________________

Palabras de ortografía

Básicas

1. gusanos
2. regaban
3. regaderas
4. delgadas
5. agarró
6. gorra
7. garra
8. gorila
9. aguja
10. goloso
11. gota
12. galleta

Ordena las letras para formar las palabras de ortografía.

6. taog ______________________
7. gjaua ______________________
8. rarga ______________________
9. lrgiao ______________________
10. lagdaesd ______________________
11. olgoos ______________________
12. algltae ______________________

Nombre ____________________ Fecha ______

Esas feas verduras
Gramática: Repaso en espiral

Preguntas

Escribe las preguntas correctamente.

1. cómo se llaman estas verduras

____

2. quién sembró estos tomates

____

3. me prestas una regadera

____

Transforma las siguientes oraciones en preguntas.

4. Estas plantas son mejores que las flores.

____

5. Ese olor sale de tu casa.

____

6. Linda riega las plantas todos los días.

____

Nombre ____________________ Fecha ________

Verbos y sujetos

Un **verbo** indica lo que alguien o algo hace o hizo.
El **sujeto** indica quién o qué hace o hizo la acción.
Los verbos que cuentan acciones que sucedieron en el pasado se llaman verbos en pasado.

El granizo <u>rompió</u> el techo.

Preguntas para pensar
¿Qué palabra nombra una acción? ¿Quién hace o hizo la acción?

Lee las oraciones. El verbo en pasado está subrayado. Encierra en un círculo el sujeto.

1. Javier <u>oyó</u> el ruido.

2. El gato se <u>escondió</u> bajo la cama.

3. La rama <u>cayó</u> al suelo.

4. El cielo se <u>oscureció</u>.

Lee las oraciones. El sujeto está encerrado en un círculo. Subraya el verbo en pasado.

5. (El aire) se enfrió.

6. (Iván) miró la lluvia.

7. (El perro) corrió entre los charcos.

8. (El correo) no se mojó.

Punto de enfoque: Voz
Con tus propias palabras

Lee las oraciones. Para cada palabra o frase subrayada, encierra en un círculo otra palabra que pueda reemplazarla.

1. Mientras viajábamos, comenzó a llover. La lluvia se transformó en una violenta tormenta.

   peligrosa **tonta** **calma**

2. El viento sacudía el auto hacia atrás y hacia adelante.

   sentía **movía** **bajaba**

3. La fila de autos se extendía diez millas.

   cubría **bailaba** **camina**

En parejas/Para compartir **Trabaja con un compañero para volver a escribir las oraciones con tus propias palabras.**

4. El aire que se mueve y cambia hace que se produzcan tormentas eléctricas.

   ____

5. Algunas tormentas eléctricas llegan a ser muy fuertes y, entonces, pueden provocar tornados.

   ____

   ____

Nombre ______________________ Fecha ______

Palabras base y terminaciones verbales

Lee los pares de palabras. Usa las palabras para completar las oraciones.

1. destruyó **destruyen**

El rayo ______________ una casa.

Los vientos fuertes ______________ edificios.

2. dañaron **dañó**

El granizo ______________ el techo.

Los trozos de hielo ______________ las cosechas.

3. causar **causó**

Una tormenta eléctrica puede ______________ un tornado.

La lluvia ______________ inundaciones.

4. levantó **levantar**

El viento ______________ un auto.

Un tornado puede ______________ los techos de los edificios.

5. extiende **extienden**

Los huracanes se ______________ muchas millas.

El ciclón se ______________ por toda la región.

Nombre ______________________ Fecha ______

Inferir la idea principal y los detalles

Lee la siguiente selección.

Hace mucho tiempo, las personas no contaban con las herramientas que tenemos en la actualidad para obtener información acerca del tiempo. Por eso, buscaban señales en la naturaleza.

Las personas veían que algunas plantas cambiaban cuando estaba por llover. Algunas flores se cerraban cuando se aproximaba la lluvia. Se abrían cuando el tiempo era agradable. Lo mismo sucedía con las piñas. También se cerraban cuando estaba por llover y se abrían cuando el tiempo era bueno. ¡Hoy en día los científicos coinciden en que estas plantas realmente predicen la lluvia!

Hace mucho tiempo, los granjeros también observaban a las vacas. A veces las vacas se echaban si estaba por llover. Hoy en día los científicos dicen que las vacas predicen la lluvia sólo la mitad de las veces.

Infiere las ideas principales y los detalles de apoyo. Completa una red semántica y escribe tus respuestas en una hoja aparte.

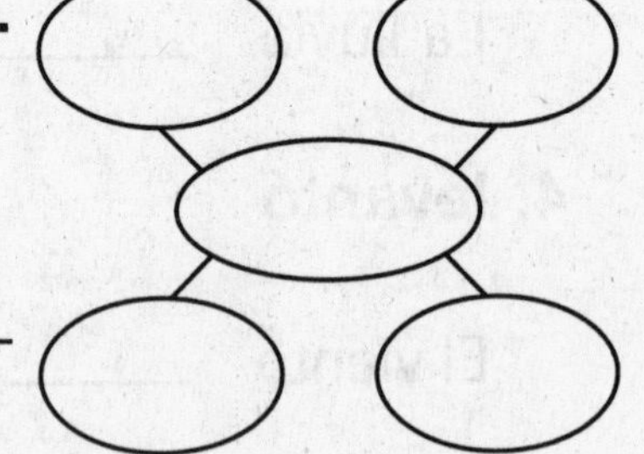

1. ¿Cuál es la idea principal de esta selección?

____

____

2. ¿Cuáles son los detalles de apoyo en esta selección?

____

____

____

Nombre ______________________ Fecha ______

Lección 8
CUADERNO DE PRÁCTICA

Tormentas increíbles
Ortografía: Palabras de sílabas abiertas con el sonido fuerte de *g, j, x*

Palabras de sílabas abiertas con el sonido fuerte de *g, j, x*

Escribe la palabra de ortografía que significa lo opuesto de cada palabra.

1. alta ______________
2. concluyen ______________
3. específicamente ______________
4. toma ______________
5. empleado ______________
6. desamparo ______________

Completa las palabras de ortografía con una sílaba que empiece con *g, j* o *x*.

7. Oa ___ ca
8. o ___
9. ___ rafa
10. ___ nio
11. ___ melo
12. pá ___ na
13. me ___ cano
14. ___ tano

Palabras de ortografía

Básicas

1. deja
2. página
3. originan
4. generalmente
5. mexicano
6. gemelo
7. gitano
8. jefe
9. jirafa
10. genio
11. refugio
12. Oaxaca

De repaso

13. ojo
14. baja

Nombre ______________________ Fecha ______

Verbos en oraciones

 **Lee las oraciones. Subraya los verbos.**

1. El viento se calmó.
2. Los truenos retumban.
3. Nosotros nos tapamos los oídos.
4. Nosotros nos quedamos en casa.

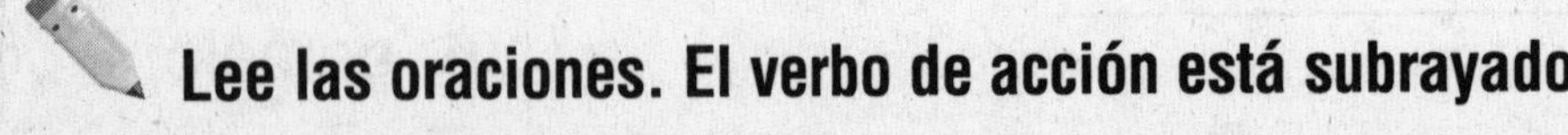

Lee las oraciones. El verbo de acción está subrayado. Encierra en un círculo el sujeto que está realizando la acción.

5. Jorge espía por la ventana.
6. La lluvia inundó las calles.
7. El agua baja por la colina.
8. La tormenta terminó al día siguiente.

Nombre ______________________________ Fecha ______

Palabras compuestas

Elige la palabra del recuadro que completa la palabra compuesta en cada oración. Escribe la palabra en la línea.

Banco de palabras

ojos	latas	día	iris
flor	cabezas	corchos	venida

1. Juan nos dio una calurosa bien + ________________ cuando llegamos a su casa.

2. ¿Me pasarías el abre + ________________ para abrir esta lata de atún?

3. Las niñas se encontraron al medio + ________________ para almorzar.

4. Cuando paró de llover, un colorido arco + ______________ apareció en el cielo.

5. El sábado pasado vimos un pica + ________________ cerca del jazmín.

6. El doctor me advirtió que debo usar ante + __________.

7. Para abrir la botella necesito un saca + ______________.

8. Con mi hermano armamos un rompe + ________________ de mil piezas.

Corregir la ortografía

Corrige la nota. Encierra en un círculo las seis palabras con errores ortográficos. Luego, escribe las palabras correctamente en las líneas de abajo.

Querida mamá:

Fui a la casa de Javier, el hermano jemelo de Luis. ¿Te acuerdas de ellos? Su papá es megicano y nació en Oasaca. Tenemos que hacer un trabajo escolar de una pájina sobre la girafa. El papá de Javier es biólogo y nos va a ayudar porque es un jenio en este tema.

Cariños,

Matías

Palabras de ortografía

Básicas

1. deja
2. página
3. originan
4. generalmente
5. mexicano
6. gemelo
7. gitano
8. jefe
9. jirafa
10. genio
11. refugio
12. Oaxaca

1. ______________ 4. ______________

2. ______________ 5. ______________

3. ______________ 6. ______________

Ordena las letras para formar las palabras de ortografía.

7. jade ______________ 10. noiginar ______________

8. feej ______________ 11. itnaog ______________

9. iorfuge ______________ 12. mneegrlaeten ______________

Nombre ______________________ Fecha ______

Declaraciones

Tormentas increíbles
Gramática: Repaso en espiral

Lee las oraciones. Escribe las declaraciones correctamente.

1. creo que hoy lloverá

____

2. hay muchas nubes oscuras en el cielo

____

3. quizá mañana nieve

____

Lee el siguiente párrafo. Vuelve a escribir el párrafo correctamente. Usa un punto al final de las declaraciones. Recuerda usar mayúsculas.

una tormenta azota nuestra ciudad nos quedamos en casa y no salimos a jugar no hay nada para hacer mamá nos da palomitas de maíz papá nos lee un cuento espero que la tormenta pase pronto

____

____

____

____

____

Nombre ______________________ Fecha ______

Elección de palabras

Oración sin verbos precisos	Oración con verbos precisos
El rayo <u>rompió</u> un árbol.	El rayo <u>destruyó</u> un árbol.

Oración sin verbos precisos	Oración con verbos precisos
El trueno <u>suena fuerte</u> al calentar el aire.	El trueno <u>retumba</u> al calentar el aire.

Lee el párrafo. Reemplaza las palabras subrayadas con una palabra precisa del recuadro de palabras. Escribe las palabras precisas en las líneas.

azotaba	contemplamos	protegimos
girar	se arremolinaban	

El pueblo estaba tranquilo. Entonces el viento empezó a soplar y a <u>dar vueltas</u> con fuerza. Las hojas <u>subían en círculos</u>. La lluvia <u>caía con fuerza sobre</u> las calles. <u>Tapamos</u> las mochilas con nuestros abrigos. Nos refugiamos en la parada del autobús. Luego, la lluvia paró. <u>Miramos</u> el arco iris durante un largo rato.

1. dar vueltas ______________________

2. subían en círculos ______________________

3. caía con fuerza sobre ______________________

4. Tapamos ______________________

5. Miramos ______________________

Nombre ______________________________ Fecha ______

Cómo la ardilla obtuvo sus rayas

Fonética: Sílabas abiertas con *z, c, s*

Sílabas abiertas con *z, c, s*

Lee las oraciones. Encierra en un círculo la respuesta correcta.

1. Fui al mercado y compré una (docena/dozena) de huevos.
2. Bateó la pelota y la (lansó/lanzó) muy lejos.
3. La (sebolla/cebolla) que estaba pelando me (hizo/hiso) llorar.
4. El sábado vamos a (salir/zalir) de (paseo/paceo) por el bosque.
5. En el medio del partido (comensó/comenzó) a llover.
6. Mi perro Tomi cavó un (poso/pozo) en el jardín.

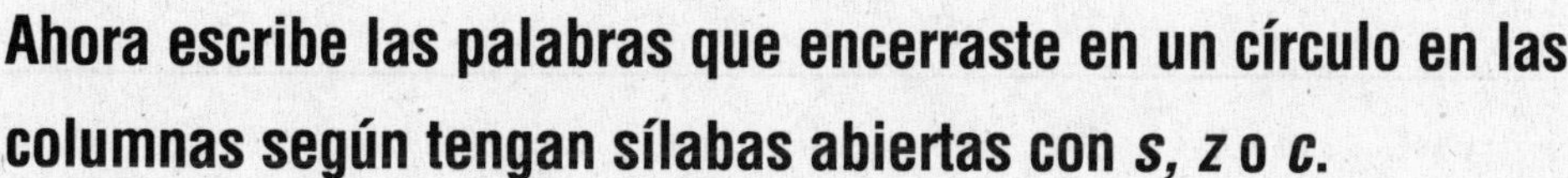

Ahora escribe las palabras que encerraste en un círculo en las columnas según tengan sílabas abiertas con *s, z* o *c*.

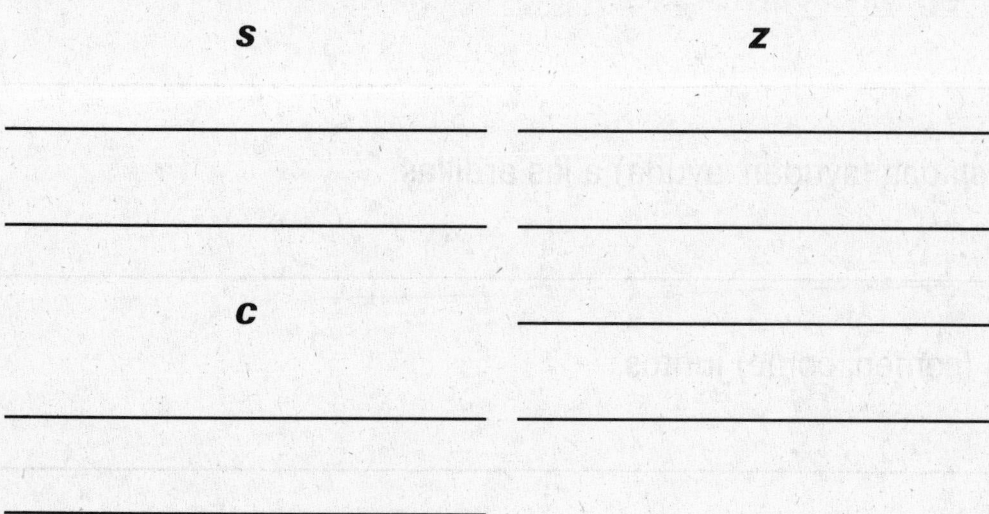

Nombre ______________________ Fecha ______

Concordancia sujeto-verbo

Un **verbo** en presente puede nombrar una acción que sucede en este momento. El verbo toma la forma que corresponde según si el sujeto que lo acompaña es singular o plural.

La ardilla listada come.

Las ardillas listadas comen.

Pregunta para pensar
¿El sujeto, o la parte que nombra de la oración, nombra a uno o a más de uno?

Lee las oraciones. Luego, escríbelas correctamente.

1. Las ardillas (ven, ve) a la ardilla listada.

____

2. La ardilla listada (comparten, comparte) la comida.

____

3. Una ardilla (bajan, baja) corriendo del árbol.

____

4. Las ardillas listadas (ayudan, ayuda) a las ardillas.

____

5. Los animales (comen, come) juntos.

____

Nombre ______________________________ Fecha ______

Sílabas abiertas con *z, c, s*

Cómo la ardilla obtuvo sus rayas
Fonética: Sílabas abiertas con *z, c, s*

Escribe una sílaba abierta con *z, c* o *s* para completar las palabras.

1. empie ____
2. ____ bia
3. al ____ ba
4. per ____ na
5. dul ____

Ahora completa las siguientes oraciones con las palabras anteriores.

6. Ling ______________________ a su nuevo gatito.
7. El Sr. Gómez es una ______________________ muy educada.
8. Me gustan las galletas con ______________________ de frambuesa.
9. Mi abuela da buenos consejos porque es muy ______________________.
10. El ratón ve al gato y ______________________ a correr.

Nombre ______________________ Fecha ______

Comprender a los personajes

Un día Liebre le dijo a Tortuga:

—Tienes patas cortas y eres lenta. ¿Cómo llegas a los lugares?

—Tú eres rápida, Liebre, pero si corriéramos una carrera, te ganaría —respondió Tortuga.

—Nunca podrías ganarme —se rió Liebre.

—Corramos una carrera —dijo Tortuga—. Ya verás.

La carrera comenzó y Liebre corrió mucho más rápido que Tortuga. Liebre se adelantó tanto que pensó que tenía tiempo de dormir una siesta y aun así ganar la carrera.

Tortuga continuó moviéndose a un paso lento y seguro. Nunca se detuvo. Cuando Liebre despertó, vio que Tortuga estaba delante de ella. Liebre corrió lo más rápido que pudo, pero Tortuga ganó. Cuando Liebre cruzó la meta, ¡Tortuga era la que estaba durmiendo una siesta!

Lee la historia. Completa la tabla de columnas para explicar las características de los personajes.

Palabras, acciones	Lo que sé	Característica del personaje
Liebre		
Tortuga		

Nombre ______________________ Fecha ______

Cómo la ardilla obtuvo sus rayas
Ortografía: Palabras de sílabas abiertas con *z, c, s*

Palabras de sílabas abiertas con *z, c, s*

Clasifica las palabras de ortografía según se escriban con *z, c* o *s*.

Palabras con *s*

____

____

____

____

Palabras con *c*

____

____

____

Palabras con *z*

____

____

____

____

____

____

____

____

Palabras de ortografía

Básicas

1. docena
2. empieza
3. sabia
4. alzaba
5. salir
6. lanzó
7. persona
8. hizo
9. abrazó
10. cebolla
11. pozo
12. taza

De repaso

13. cabeza
14. zapato

Agrega una palabra que sepas a dos de las listas.

Nombre ______________________________ Fecha ______

Concordancia sujeto-verbo

Un **verbo** en presente cuenta una acción que hace una persona, una animal o una cosa en este momento. Los verbos en presente que se refieren a sustantivos plurales terminan en *-n* (ustedes, ellos) o en *-mos* (nosotros).

El oso desordena la pila de hojas.
Los osos desordenan la pila de hojas.

Pregunta para pensar
¿El sujeto nombra a uno o a más de uno?

Lee las oraciones. Luego, escríbelas correctamente.

1. Los ratones (arreglan, arregla) la pila.

____

2. Nosotros (observan, observamos) al oso y a los ratones.

____

3. El oso (tiran, tira) la pila nuevamente.

____

4. Los ratones (desean, desea) que el oso se detenga.

____

5. El oso (descansan, descansa) sobre la pila.

____

Nombre ______________________ Fecha ______

Cómo la ardilla obtuvo sus rayas
Escritura: Escribir para informar

Punto de enfoque: Ideas Pasos importantes

Las buenas instrucciones incluyen todos los pasos importantes. Los escritores dejan de lado los pasos que no son importantes.

Lee los pasos para los conjuntos de instrucciones. ¿Qué paso crees que falta? Escríbelo.

Servir un vaso de leche

Poner un vaso en la mesa.

Ir a la heladera.

Abrir la puerta de la heladera.

____

Servir la leche con cuidado.

Hacer tostadas

Buscar el pan.

Poner el pan en la tostadora.

Encender la tostadora.

____

____

Untar la mantequilla en la tostada.

Nombre ____________________ Fecha ________

Sílabas abiertas con *z, c, s*

Lee las palabras. Escribe correctamente en las líneas las palabras que tienen errores ortográficos. Si una palabra está bien escrita, deja la línea en blanco.

1. lansó ____________________
2. cebolla ____________________
3. zalir ____________________
4. hiso ____________________
5. persona ____________________

Ahora completa las siguientes oraciones con las palabras de arriba.

6. El tigre ____________________ un ruido muy fuerte.
7. El piloto es la ____________________ que maneja el avión.
8. Quisimos ____________________ del hotel e ir a la playa.
9. Mientras jugaba en la playa, Cecilia ____________________ la pelota al mar.
10. Mamá le pidió a papá que pelara la ____________________.

Nombre ______________________________ Fecha ______

Comprender a los personajes

Lee el siguiente cuento.

Un zapatero pobre le dijo a su esposa:

—Estoy cansado. Haré estos zapatos por la mañana.

A la mañana siguiente, el zapatero vio un par de zapatos nuevos sobre la mesa. ¡Alguien había hecho los zapatos! Todos los días se levantaba y hallaba zapatos nuevos sobre la mesa. El zapatero se hizo rico.

—Debemos darle un regalo a tu misterioso ayudante —dijo su esposa. Así que, esa noche, el zapatero se escondió en un rincón. Le dijo a su esposa que había visto a dos elfos hacer los zapatos y escaparse. Cosió ropa para los elfos y la dejó sobre la mesa.

Esa noche, los elfos se probaron su nueva ropa. Luego bailaron, se fueron y nunca más volvieron.

Completa una tabla de columnas en relación con los personajes. Luego, responde a las preguntas.

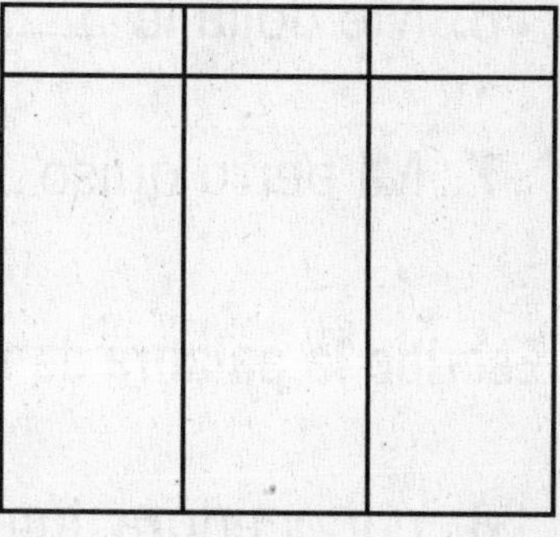

1. Piensa en lo que dice y hace la esposa del zapatero. ¿Qué puedes conocer acerca de ella? ____________
   ____

2. Piensa en las acciones de los elfos. ¿Qué puedes conocer acerca de sus características? ____________
   ____
   ____

Nombre ______________________________ Fecha ________

Palabras de sílabas abiertas con *z, c, s*

Palabras de ortografía

Básicas
1. docena
2. empieza
3. sabia
4. alzaba
5. salir
6. lanzó
7. persona
8. hizo
9. abrazó
10. cebolla
11. pozo
12. taza

De repaso

13. cabeza
14. zapato

Usa las palabras de ortografía para completar las oraciones.

1. Había una ______________ de personas esperando para ver el juego.
2. Mi jugador __________ la pelota muy lejos. Ahora te toca a ti.
3. La maestra nos __________ muchas preguntas.
4. Me tomé toda la __________ de leche.
5. Horneamos una tarta de __________.
6. Me dolía la ____________ con tanto ruido.
7. Mi perro quiso __________ al jardín.

Escribe la palabra de ortografía que hace juego con las pistas.

8. conocedora, inteligente, astuta, ____________________
9. levantaba, elevaba, subía, ____________________
10. hombre, mujer, niño, ____________________
11. comienza, inicia, ____________________
12. sandalia, bota, ____________________

Nombre ______________________________ Fecha ______

Concordancia sujeto-verbo

Subraya el verbo en presente que completa las oraciones correctamente.

1. El oso (caminan, camina) a través del bosque.
2. La serpiente se (deslizan, desliza) por el suelo.
3. El conejo (brincan, brinca) a través de la hierba.
4. Los ratones (corren, corre) a través del campo.

Escribe correctamente el verbo para que coincida con la parte que nombra de la oración.

5. La ardilla listada ______________________ el guiso. (revolver)
6. La ardilla ______________________ una cuchara. (buscar)
7. Los osos se ______________________ para comer. (apurar)
8. El oso ______________________ tener más. (desear)

Nombre ______________________ Fecha ________

Cómo la ardilla obtuvo sus rayas
Estrategias de vocabulario:
Sinónimos

Sinónimos

Lee las oraciones. Elige las palabras del recuadro que significan lo mismo o casi lo mismo que las palabras subrayadas y escríbelas en las líneas.

Banco de palabras

alardear	feliz	veloz
inmenso	pequeño	caen

1. En el otoño se desprenden las hojas de los árboles.

____

2. El elefante es un animal enorme del zoológico.

____

3. El ratón es muy chiquito.

____

4. Anita estaba contenta de ver a su mejor amiga.

____

5. El corredor fue muy rápido, por eso ganó la carrera.

____

6. A Hernán le gusta presumir cuando gana un juego.

____

Nombre ______________________ Fecha ______

Cómo la ardilla obtuvo sus rayas
Ortografía: Palabras de sílabas abiertas con *z, c, s*

Corregir la ortografía

Palabras de ortografía

Básicas

1. docena
2. empieza
3. sabia
4. alzaba
5. salir
6. lanzó
7. persona
8. hizo
9. abrazó
10. cebolla
11. pozo
12. taza

Corrige el cuento. Tacha las seis palabras que tienen errores ortográficos. Escríbelas correctamente sobre las palabras que tachaste.

Mañana voy a zalir temprano de la escuela porque empiesa una reunión importante. Me iré a mi casa con mis amigos en bicicleta y miraré televisión mientras tomo una tasa de chocolate. También comeré del pastel que hiso mi mamá hoy. Además comeré galletas de la dosena de galletas de limón y naranja que también preparó mi mamá. Mi mamá es una muy buena perzona.

Usa el código para escribir las palabras de ortografía.

1 = e	2 = s	3 = i	4 = n	5 = d	6 = a	7 = k
8 = p	9 = m	10 = o	11 = 5	12 = b	13 = t	14 = u
15 = c	16 = j	17 = h	18 = f	19 = r	20 = l	21 = g
22 = x	23 = z	24 = y	25 = q	26 = w	27 = ll	

1. 13-6-23-6 ______________
2. 15-1-12-10-27-6 ______________
3. 8-10-23-10 ______________
4. 20-6-4-23-10 ______________

Nombre ______________________ Fecha ______

Sustantivos propios

Subraya los sustantivos propios. Escribe si nombran a una persona, un animal, un lugar o una cosa.

1. Huesos ladra fuerte. ______________

2. La maestra reta a Pedro. ______________

3. Mis primos van a la escuela de San Pedro.

____

4. En clase hablamos sobre la Estatua de la Libertad.

____

Lee el párrafo. Escribe los sustantivos propios del recuadro al lado de los sustantivos comunes subrayados. Luego, escribe si nombran a una persona, un animal, un lugar o una cosa.

Salado	Pablo	Los álamos	Fido

El bosque ______________ es muy oscuro. Mi amigo ______________ no se atreve a ir de noche solo. Yo no me atrevo a ir de noche ni con mi perro ______________. Preferimos ir a jugar al río ______________, donde está claro e iluminado.

5. Salado ______________
6. Pablo ______________
7. Los álamos ______________
8. Fido ______________

Nombre ______________________ Fecha ______

Fluidez de la oración

Oraciones cortas	Oración nueva con los predicados unidos
El oso ve la miel. El oso se la come toda.	El oso ve la miel y se la come toda.

Une los pares de oraciones. Usa y entre los predicados.

Luego escribe las oraciones nuevas.

1. Las ardillas treparon al árbol.
   Las ardillas comieron nueces.

   ____

2. El ciervo come hojas.
   El ciervo bebe del estanque.

   ____

3. Las ardillas descansan en las rocas.
   Las ardillas duermen en las hojas.

   ____

4. El león corre rápido.
   El león busca comida.

   ____

Nombre ______________________ Fecha ______

Sílabas abiertas con *r* inicial

Escribe la palabra del Banco de palabras que hace juego con las pistas.

Banco de palabras

reloj	radio	rubia
rojo	rápido	rima

1. verde, amarillo, ______________________
2. poema, verso, ______________________
3. hora, manecillas, ______________________
4. diarios, televisión, ______________________
5. veloz, apresurado, ______________________
6. castaña, pelirroja, ______________________

Usa las palabras anteriores para completar las oraciones.

7. El ______________ marca las horas y los minutos.
8. Escucho las noticias en la ______________.
9. El auto iba muy ______________ por la ruta.
10. Tengo una muñeca ______________ y otra pelirroja.
11. "Canción" ______________ con "estación".
12. Vimos un pájaro con el pecho ______________ y el pico negro.

Nombre ______________________________ Fecha ________

Verbos en pasado

Los verbos en **pasado** se usan para contar o describir algo que sucedió antes del momento de hablar. Si la acción sucedió en un momento determinado, las terminaciones son (según la persona) *-é, -í; -aste, -iste; -ó; -amos, -imos; -aron, -eron.*

Si la acción duró mucho tiempo, las terminaciones son (según la persona) *-aba, -ía; -abas, -ías; -aba, -ía; -ábamos, -íamos; -aban, -ían.*

Ayer mucha hierba (flota, flotó) en el agua.

Pregunta para pensar
¿Cuándo sucede o sucedió la acción?

Lee las oraciones. Elige los verbos que cuenten acerca del pasado. Luego, vuelve a escribir las oraciones.

1. Los peces (pasa, pasaron) cerca de las medusas.

____

2. Las tortugas marinas se (zambulleron, zambullen) cerca de los peces.

____

3. Las ballenas (saltan, saltaron) por encima de las tortugas.

____

4. Los tiburones (miraron, miran) a los animales moverse.

____

Nombre ______________________ Fecha ______

Sílabas abiertas con *r* inicial

Completa las palabras con una sílaba abierta con *r* inicial para representar los dibujos.

1. ____________loj
2. ____________gadera
3. ____________na
4. ____________noceronte
5. ____________sa

Ahora escribe cinco palabras más con sílabas abiertas con *r* inicial.

6. ______________________
7. ______________________
8. ______________________
9. ______________________
10. ______________________

Nombre ______________________ Fecha ________

Hecho y opinión

En muchos océanos se pueden hallar arrecifes de coral. Estos arrecifes están hechos de pequeños animales. Cuando estos animales mueren, dejan atrás montones de caparazones vacíos. Animales aun más pequeños crecen encima de estos caparazones. Esto sucede una y otra vez. El arrecife de coral se vuelve más y más grande.

¡Puedes bucear en un arrecife de coral! Todo lo que veas será hermoso. Incluso tal vez encuentres tortugas de mar verdes, aunque dan un poco miedo. Miden tres pies de largo y pesan cerca de 300 libras.

Tal vez también veas peces tropicales. No tienen miedo cuando nadan a tu alrededor. Se pueden esconder dentro de grietas del coral si necesitan ponerse a salvo.

Lee el artículo de arriba. Luego, completa un mapa de T en el que anotes tres hechos y tres opiniones del artículo.

Hecho	Opinión
______________________	______________________
______________________	______________________
______________________	______________________
______________________	______________________
______________________	______________________
______________________	______________________
______________________	

Nombre ______________________ Fecha ________

Palabras de sílabas abiertas con *r* inicial

Clasifica las palabras de ortografía según si tienen la combinación *ra-, re-, ri-, ro-, ru-*.

palabras con *ra-*	palabras con *re-*	palabras con *ri-*
______	______	______
______	______	______
______	______	______
______	______	______
______	______	______

palabras con *ro-*	palabras con *ru-*
______	______
______	______
______	______
______	______

Luego, agrega una palabra con la misma combinación en tres de las listas.

Palabras de ortografía

Básicas

1. realmente
2. reproducen
3. rama
4. ratón
5. reja
6. remolino
7. risa
8. rosa
9. rubor
10. ruta
11. rodeo
12. rizado

De repaso

13. repugnante
14. rojos

Nombre ______________________________ Fecha ________

Verbos en pasado

Los **verbos** en pasado se usan para contar o describir algo que sucedió antes del momento de hablar. Generalmente hay una palabra clave en la oración que indica que la acción sucedió en el pasado. Las terminaciones de los verbos en pasado dependen del sujeto y de si la acción sucedió en un momento determinado o si duró mucho.

Las tortugas marinas quieren comida. **Presente**

Las tortugas marinas querían comida. **Pasado**

Preguntas para pensar

¿Cuándo sucede o sucedió la acción?

¿Cuánto duró la acción?

Decide cómo hacer que los verbos subrayados indiquen que la acción ocurre en el pasado. Luego, vuelve a escribir las oraciones.

1. Las tortugas marinas se apuran a pasar por delante de los peces.

____

____

2. Las olas bañan la playa todo el tiempo.

____

3. Las medusas son empujadas hacia el mar continuamente.

____

4. Las aves marinas bajan.

____

Nombre ______________________ Fecha ______

Punto de enfoque: Elección de palabras Elegir las palabras exactas

Los sinónimos son una manera de volver a escribir las oraciones con tus propias palabras.

Cuando pican, las medusas <u>no saben</u> si lastiman a un <u>amigo</u> o a un <u>enemigo</u>.	Cuando pican, las medusas <u>desconocen</u> si lastiman a un <u>compañero</u> o a un <u>rival</u>.

Lee las oraciones. Reemplaza las palabras subrayadas con un sinónimo.

1. El océano es un lugar <u>enorme</u>.	
2. Hay muchas <u>criaturas extrañas</u> en el océano.	
3. Ser picado por una medusa puede ser <u>doloroso</u>.	
4. Las medusas son <u>hermosas</u>.	
5. En el océano <u>habitan</u> plantas especiales.	

Nombre ______________________ Fecha ______

Repaso acumulativo

Lee las oraciones. Elige las palabras del recuadro que completan correctamente las oraciones y escríbelas en las líneas. Luego, lee las oraciones completas.

Banco de palabras

zanahorias	juntarse	suizo	cera
suelo	cielo	zapatos	silla

1. El nuevo niño de la clase es ______________.
2. Debes recoger todos tus juguetes del ______________.
3. La vela se derritió y la ______________ cayó sobre la mesa.
4. No puedo ver bien porque el ______________ se está oscureciendo.
5. Pedro no encontró ni una ______________ para sentarse en la fiesta.
6. El granjero Ramón cultiva papas y ______________.
7. Me compré un par de ______________ nuevos.
8. Hay que ______________ para resolver este problema.

Ahora escribe dos palabras más que contengan sílabas abiertas con *z, c* o *s*.

9. __________ 10. __________

Nombre ______________________________ Fecha ________

Medusas
Comprensión:
Hecho y opinión

Hecho y opinión

Lee la siguiente selección.

Fui a la biblioteca para aprender más acerca de los delfines. También leí libros y busqué en Internet. Aprendí mucho.

Algunas personas creen que los delfines siempre están contentos. Eso es porque parece que sonríen todo el tiempo. Pero los delfines no siempre están contentos. La forma de su boca luce como una sonrisa.

Los delfines son juguetones. Los científicos dicen que juegan todo el día. A algunos delfines les gusta jugar con pelotas y aros. También aman a sus entrenadores. ¡Sería divertido jugar con los delfines!

Completa un mapa de T como el que está aquí para hacer una lista de los hechos y las opiniones. Luego, responde a las siguientes preguntas.

1. ¿Qué oración de la selección cuenta un hecho?

____

____

2. ¿Qué oración de la selección cuenta una opinión?

____

____

Nombre ______________________ Fecha ______

Palabras de sílabas abiertas con *r* inicial

Usa las palabras de ortografía que coinciden con las pistas.

1. Torbellino ______________
2. Lugar con jinetes y caballos __________
3. El motivo o causa de algo ____________
4. Enrulado ____________
5. En verdad ____________
6. Una especie de flor ____________
7. Lo que se forma en la cara al sentir vergüenza ________
8. Los árboles tienen muchas ____________

Palabras de ortografía

Básicas

1. realmente
2. reproducen
3. rama
4. ratón
5. reja
6. remolino
7. risa
8. rosa
9. rubor
10. ruta
11. rodeo
12. rizado

De repaso

13. repugnante
14. rojos

Lee las oraciones. Luego, escribe las palabras de ortografía para completar las oraciones.

9. Al caerme se me llenaron las mejillas de ____________.
10. Estaba tan concentrado en mi lectura que ni miré la ____________.
11. Mamá me hizo ____________ debajo de la cama.
12. El cartero tiró el sobre a través de la ____________ de la casa.
13. Los peces se ____________ por medio de huevos.
14. El payaso era tan gracioso que me hizo morir de la ________.

Nombre ______________________ Fecha ______

Verbos en pasado

Vuelve a escribir las oraciones. Cambia los verbos para indicar que la acción en pasado sucede en un momento determinado o durante un tiempo.

1. Los animales marinos quieren comida. (dura un tiempo)

   ____

2. Los cangrejos buscan peces pequeños. (momento determinado)

   ____

3. Las medusas miran debajo de una enorme roca. (momento determinado)

   ____

4. Las olas derrumban el castillo de arena. (momento determinado)

   ____

5. Maxi y Beti juegan en el agua. (dura un tiempo)

   ____

6. Miran dentro de un caracol. (momento determinado)

   ____

Nombre ______________________________ Fecha ________

Sufijos *-ísimo/-ísima*

Encierra en un círculo las palabras con sufijos *-ísimo/-ísima* correctas para completar las oraciones.

1. Este ratón es **pequeñísima / pequeñísimo.**
2. Esta canción es **divertidísima / divertidísimo.**
3. ¡Esta araña es **grandísimo / grandísima.**
4. Leí un libro **larguísimo / larguísima.**
5. Juan es **altísima / altísimo.**
6. La obra de teatro es **divertidísima / divertidísimo.**
7. El helado de chocolate es **riquísima / riquísimo.**

Nombre ______________________________ Fecha ________

Medusas
Ortografía: Palabras de sílabas abiertas con *r* inicial

Corregir la ortografía

Vuelve a escribir las oraciones. Elige dos de las palabras de ortografía que están debajo de cada oración.

Palabras de ortografía

Básicas

1. realmente
2. reproducen
3. rama
4. ratón
5. reja
6. remolino
7. risa
8. rosa
9. rubor
10. ruta
11. rodeo
12. rizado

1. ____________________, me da mucha ____________ tu nueva camiseta.
   risa/realmente/rubor
2. No conocíamos la ________ para llegar al ________.
   ruta/rodeo/reja
3. Mira qué hermosa es la ________ que crece en aquella ________.
   rama/rosa/risa

Corrige la nota. Tacha las palabras que tienen errores ortográficos. Escríbelas correctamente al final de la nota.

Querida tía:

Ayer fui al zoológico con mi mamá y mis amigos por la reta que va al rrodio. Vimos muchos animales, algunos peligrosos y otros que nos dieron mucha rrisa. En el camino de vuelta saqué una resa de la rima de un árbol y se la di a mi mamá por habernos llevado. ¡Rrealmente la pasé muy bien!

Con cariño,

Carmen

Nombre ______________________________ Fecha ________

Más sustantivos propios

Subraya los sustantivos propios. Escribe si nombran a una persona, un animal, un lugar o una cosa.

1. La Srta. Pérez es mi maestra de Biología. ________________

2. Marina, Dora y Rita son mis compañeras en la clase Biología.

   ____

3. El otro día aprendimos sobre los peces tropicales del Mar del Coral. ____________

4. Este mar se encuentra en Australia. _________

5. ¡Debería llevar a mi pez Popis de vacaciones allí! _________

Lee las oraciones. Luego, vuelve a escribir los sustantivos propios subrayados correctamente.

6. Ve a ver los peces de <u>mundo oceánico</u>.

   ____

7. Yo fui con mi amiga <u>corina</u>. ____________________

8. Quise llevar a <u>toto</u> pero no permitían el ingreso de mascotas.

   ____

9. Había peces de todos lados, como por ejemplo <u>el caribe</u>.

   ____

10. El sábado podemos ir con <u>lucio</u>, si quieres. ____________________

Nombre ______________________ Fecha ______

Fluidez de la oración

Verbos que cuentan cosas en diferentes tiempos	Verbos que cuentan cosas en el mismo tiempo
La semana pasada Julia y José caminaron por la playa. Juegan en el agua.	La semana pasada Julia y José caminaron por la playa. Jugaron en el agua.

Lee el cuento. Cuenta acerca de algo que ocurrió en el pasado. Hay cinco verbos que no hablan del pasado. Subraya estos cinco verbos. Luego, escribe la historia correctamente en las líneas de abajo.

Julia y José brincaban en la orilla. José vio dos caracoles grandes. José los señala. Julia corre a verlos. Julia y José miran de cerca. Julia toma un caracol. Julia y José lavan los caracoles y los llevaron a su casa.

____

____

____

____

____

____

____

Nombre ______________________________ Fecha ________

Sílabas abiertas con *r* media y *rr*

Clic, clic, muu: Vacas que escriben a máquina
Fonética: Sílabas abiertas con *r* media y *rr*

Escribe *r* o *rr* para completar la palabra. Luego escribe las palabras al lado.

1. ce __________ ado
2. afue __________ a
3. ca __________ o
4. a __________ ugar
5. granje __________ o

Ahora usa las palabras anteriores para completar las siguientes oraciones.

6. El ____________________________ cría abejas y otros animales.
7. Si guardas la camiseta en el bolso se te va a ____________________________.
8. Mi perro Pipo duerme en el jardín, ____________________________ de la casa.
9. Mi abuelo tiene un ____________________________ viejo en el establo.
10. No pudimos hacer las compras en el mercado porque estaba ____________________________.

Nombre ____________________ Fecha ______

Clic, clic, muu: Vacas que escriben a máquina
Gramática: Verbos en futuro

Verbos en futuro

- Un **verbo** nombra una acción que hace algo o alguien.
- Los verbos en **futuro** nombran acciones que todavía no han sucedido pero que sucederán. Su terminación varía de acuerdo con el sujeto: *-é, -ás, -á* (para una sola persona, animal o cosa) *-emos, -án* (para más de una persona, animal o cosa).
- Generalmente hay palabras clave en la oración que indican que la acción aún no ha sucedido.

Ejemplo: Él lee una revista.
Ellos leerán una revista mañana.

Preguntas para pensar
¿Con qué letras termina el verbo? ¿Hay alguna palabra que indique que la acción no ha sucedido?

Lee las oraciones. Luego escríbelas con el verbo en futuro.

1. Los niños alimentan a los animales.

____

2. Juan levanta el cubo con agua.

____

3. El granjero Ramón cuida a las vacas.

____

4. Ema y Luis hablan con las gallinas.

____

5. La esposa del granjero Ramón limpia el establo.

____

Nombre ______________________ Fecha ________

Lección 11
CUADERNO DE PRÁCTICA

Clic, clic, muu: Vacas que escriben a máquina
Fonética: Sílabas abiertas con *r* media y *rr*

Sílabas abiertas con *r* media y *rr*

Escribe las palabras del recuadro en las columnas según si se escriben con *r* o con *rr*. Luego escribe dos palabras más en cada columna.

Banco de palabras

pareció	arrugadas	máscara	carozo
queremos	cereza	correo	tetera

Palabras con *r*	Palabras con *rr*
______________	______________
______________	______________
______________	______________
______________	______________
______________	
______________	
______________	
______________	

Nombre ______________________ Fecha ______

Conclusiones

Lee la siguiente selección.

Cata la Cuerva estaba cansada de buscar su propia comida. Vio una pila de granos al lado del gallinero. Voló bajo y gritó:

—¡Co, co!

Las gallinas y los pollitos corrieron adentro. Cata aterrizó al lado de la pila de granos y comenzó a comer.

¡De repente vio una luz roja! Una gran ala roja se movió hacia Cata y la alejó de los granos. ¡Cata voló hacia el cielo!

—Pueden salir —llamó Gallo a las gallinas—: ¡No creo que Cata vuelva aquí en busca de su almuerzo otra vez!

Agrega otra clave del cuento en el siguiente mapa de inferencias que te ayude a sacar una conclusión acerca de Gallo y lo que hizo.

Cata la Cuerva vio una luz roja.		Gallo llamó a las gallinas.

Nombre ______________________ Fecha ______

Palabras de sílabas abiertas con *r* media y *rr*

Clasifica las palabras de ortografía según si se escriben con *r* o con *rr*. Luego subraya la letra *r* o la *rr*.

Palabras con *r*

1. ______________________
2. ______________________
3. ______________________
4. ______________________
5. ______________________
6. ______________________
7. ______________________
8. ______________________
9. ______________________
10. ______________________

Palabras con *rr*

11. ______________________
12. ______________________
13. ______________________
14. ______________________

Palabras de ortografía

Básicas

1. cerrado
2. era
3. esperó
4. cerro
5. afuera
6. ahora
7. pareció
8. granjero
9. arrugar
10. carro
11. queremos
12. manera

De repaso

13. para
14. pero

Nombre ______________________ Fecha ________

Verbos en futuro

- El **futuro** se usa para hablar de algo que sucederá después del momento de hablar.
- Para hablar del futuro, debes agregar ciertas terminaciones al verbo: *-é, -ás, -á* (para una sola persona, animal o cosa) *-emos, -án* (para más de una persona, animal o cosa).
- También puedes usar *ir a* + verbo para indicar que algo va a suceder en el futuro.

La vaca escribe a máquina.	**Presente**
La vaca escribirá a máquina.	**Futuro**
La vaca va a escribir a máquina.	**Futuro (*ir a* + verbo)**

Pregunta para pensar
¿El verbo habla de algo que sucede o que sucederá?

Lee las oraciones. Luego escríbelas con el verbo en futuro y con la forma *ir a* + verbo.

1. Todos se reúnen en el granero.

____

____

2. El caballo da una función.

____

3. Las personas del pueblo escuchan sus chistes.

____

____

4. ¿Te gusta escuchar sus chistes?

____

____

Punto de enfoque: Ideas
Establecer un objetivo claro

Clic, clic, muu: Vacas que escriben a máquina
Escritura: Escribir para persuadir

Objetivo que no es claro	Objetivo claro
Me gustaría que hicieras algo.	Me gustaría que **me llevaras al parque la semana que viene.**

A. Lee los objetivos que no son claros. Completa los espacios en blanco para establecer los objetivos claramente.

Objetivos que no son claros	Objetivos claros
1. Me gustaría que compraras algo para el laboratorio informático.	Me gustaría que compraras ______________ para nuestro laboratorio informático.
2. Quiero que me mandes cosas para un proyecto.	Quiero que me mandes ______________ para un proyecto.

B. Lee los objetivos que no son claros. Agrega una o varias palabras para que el objetivo sea más claro. Escribe las nuevas oraciones.

Objetivos que no son claros	Objetivos claros
3. Nos gustaría que nos hicieras un favor.	
4. Te escribo para que hagas algo para el salón de música.	

Nombre ______________________ Fecha ______

Clic, clic, muu: Vacas que escriben a máquina
Fonética: Repaso acumulativo

Repaso acumulativo

Escribe las palabras que correspondan a las oraciones.

Banco de palabras

rojo rama ranas reloj

1. Llevaba la leña en un carro ______________.

2. Sin ______________ no puedes saber qué hora es.

3. Vi una mariposa sobre aquella ______________.

4. En la laguna viven ______________ y peces.

Escribe *c, s* o *z* para completar las palabras de cada oración.

5. Muchos ca___adores usan perros de ca___a.

6. La re___eta lleva cuatro man___anas.

7. Esta ___emana na___erá mi hermanito.

Nombre ______________________ Fecha ______

Conclusiones

Lee la siguiente selección.

Los árboles estaban rojos, por eso Ardilla comenzó a recoger nueces.

—Ardilla —dijo Gallina Roja—: eres muy lista. Cuando venga el invierno, tendrás mucho para comer.

—Gracias —dijo Ardilla. Ardilla alardeó frente a Ardilla Listada: —¡Soy lista!¡Soy lista! Luego Ardilla comenzó a correr en círculo, enterrando sus nueces lo más rápido que podía.

Luego vinieron las lluvias. Luego cayó la nieve. Ardilla cavó bajo los árboles para buscar sus nueces. Pero, ¿dónde estaban? Ardilla no podía recordarlo.

—El año próximo, hazte un mapa en tu cabeza —dijo Ardilla Listada.

—Creo que están entre las rocas grandes —dijo Gallina Roja.

—Oh, gracias Gallina Roja —dijo Ardilla—. ¿Cómo lo recordaste?

— ¡Shh! —dijo Gallina Roja—. ¡Allí es donde escondo mis huevos! ¡No se lo digas al granjero Ramón!

Ahora completa el mapa de inferencias para sacar conclusiones acerca de por qué Ardilla olvida dónde pone sus nueces.

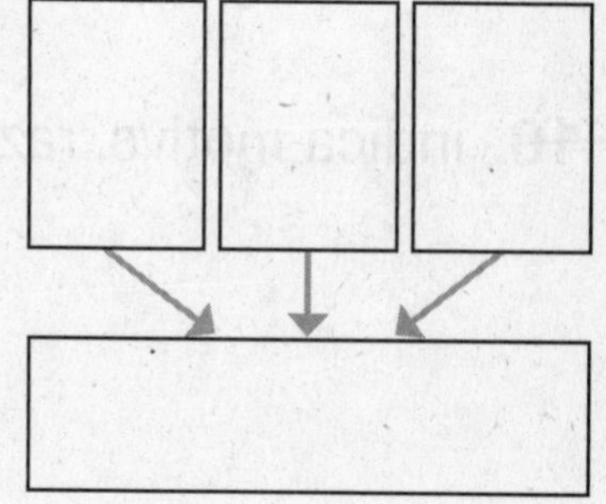

1. ¿Por qué se entusiasma tanto Ardilla? ______________

____

2. ¿Qué sucede cuando Ardilla se entusiasma tanto?

____

____

Nombre ______________________ Fecha ________

Palabras de sílabas abiertas con *r* media y *rr*

Usa las palabras de ortografía que coinciden con las pistas.

1. Estos son verbos. ______________

   ______________ ______________

   ______________ ______________

2. persona que trabaja en una granja ______________
3. forma en que se hace algo ______________
4. en este mismo momento ______________
5. lo opuesto de *adentro* ______________
6. especie de colina o montaña ______________
7. lo opuesto de *abierto* ______________
8. sin embargo, a pesar de ______________
9. vehículo, medio de transporte ______________
10. indica motivo, razón ______________

Palabras de ortografía

Básicas
1. cerrado
2. era
3. esperó
4. cerro
5. afuera
6. ahora
7. pareció
8. granjero
9. arrugar
10. carro
11. queremos
12. manera

De repaso

13. para
14. pero

Nombre ______________________________ Fecha ________

Clic, clic, muu: Vacas que escriben a máquina
Gramática: Verbos en futuro

Verbos en futuro

Lee las oraciones. Luego, escríbelas en futuro. Usa las palabras que están entre paréntesis para indicar que la acción todavía no ha sucedido.

1. Él juega conmigo. (mañana)

____

2. Los niños se esconden en el establo. (después)

____

3. El establo está vacío. (más tarde)

____

Rotula las oraciones *presente* o *futuro*. Luego escribe las oraciones correctamente.

4. él va a ser muy cuidadoso ____________________

____

5. casi tiro los huevos ____________________

____

6. ¿me podrás ayudar? ____________________

____

Nombre ______________________ Fecha ________

Clic, clic, muu: Vacas que escriben a máquina
Estrategias de vocabulario: Sufijos *-ito, -ita, -ado, -ada*

Sufijos *-ito*, *-ita*, *-ado*, *-ada*

Lee las siguientes definiciones. Agrega *-ito*, *-ita*, *-ado* o *-ada* a las palabras del recuadro para crear nuevas palabras que coincidan con las definiciones.

Banco de palabras

persona	cerdo	juzgar
acordar	interpretar	

1. persona pequeña ______________________
2. que fue criticada y cuestionada ______________________
3. cerdo pequeño ______________________
4. que fue arreglado o convenido ______________________
5. que fue analizado o comprendido ______________________

Escribe una oración con cada palabra.

6. casitas ______________________

____

7. florecido ______________________

____

Nombre ______________________ Fecha ______

Corregir la ortografía

Clic, clic, muu: Vacas que escriben a máquina

Ortografía: Palabras de sílabas abiertas con *r* media y *rr*

Corrige la historia del periódico.

Encierra en un círculo las nueve palabras que tienen errores ortográficos. Luego vuelve a escribirlas correctamente.

El susto del grranjero

Cerca del cero Rojo, tiene su granja el Sr. Oto. El sábado su caballo entró al cobertizo y él lo esperró afuerra. Como el caballo no salía entró a buscarlo, pero, como erra un lugar muy oscuro, se tropezó con el viejo caro que tenía guardado allí. Luego sintió un golpe muy fuerte y se dio cuenta de que se había cerado la puerta. Pero su mayor sorpresa fue cuando le parreció escuchar un relincho a lo lejos... ¡De alguna manerra, el caballo había logrado salir y él se había quedado encerrado adentro!

Palabras de ortografía

Básicas

1. cerrado
2. era
3. esperó
4. cerro
5. afuera
6. ahora
7. pareció
8. granjero
9. arrugar
10. carro
11. queremos
12. manera

1. ______________ 6. ______________

2. ______________ 7. ______________

3. ______________ 8. ______________

4. ______________ 9. ______________

5. ______________

Ordena las letras para escribir palabras básicas.

10. ruaragr ______________ **12.** mesoueqr ______________

11. rahoa ______________

Nombre ______________________________ Fecha ______

Adjetivos de color y de cantidad

Encierra en un círculo el adjetivo que corresponda.

1. Comemos (rojos, muchos) sándwiches en el establo.
2. Nuestras ropas (pocas, blancas) se ensucian.
3. Los ratones (ninguno, grises) juegan en el heno.
4. Unos (verdes, pocos) caballos dan fuertes pisadas.
5. (Anaranjadas, Todas) las vacas permanecen quietas.

Lee las oraciones. Luego vuelve a escribir las oraciones con el adjetivo correcto.

6. Alguno zorros visitan la granja.

   ____

7. Mucho hombres ayudan a plantar semillas.

   ____

8. Los zorros colorada corren por la pradera.

   ____

Nombre ______________________ Fecha ________

Fluidez de la oración

Tiempos verbales incorrectos	Tiempos verbales correctos
El mes que viene fui a la playa.	El mes que viene **iré** a la playa.

Tiempos verbales incorrectos	Tiempos verbales correctos
Cuando llegue Julio, corto el césped.	Cuando llegue Julio, **cortaré** el césped.

Lee las oraciones y escríbelas nuevamente con el verbo que corresponda en tiempo futuro.

1. Mañana recogemos los huevos que pusieron las gallinas.

   ____

2. Esta tarde alimento a los patos.

   ____

3. El próximo sábado Lucía visita la granja.

   ____

4. Esa tarde le enseño los polluelos.

   ____

5. Estoy seguro de que le gustan.

   ____

Nombre ______________________ Fecha ________

Sílabas cerradas con *r, s, z, x*

Escribe las palabras del recuadro para completar las oraciones.

Banco de palabras

Rex	aburrimos
verdura	conozco
salir	disparate

1. A mi perro ______________ le gusta la ______________.

2. Cuando nos ______________ jugamos con Rex para que haga trucos.

3. No ______________ ningún perro que haga tantos trucos como Rex.

4. Al ______________ a pasear siempre se mete en la huerta de lechugas de la Sra. López.

5. ¡Parece un ______________ pero hasta le gustan los rabanitos!

Ahora escribe las palabras debajo de la palabra que tiene una sílaba cerrada con la misma letra.

soñar	**pasto**	**capaz**	**Félix**
______	______	______	______
______	______		

Exclamaciones y mandatos

- Todas las oraciones empiezan con letra mayúscula.
- Una **exclamación** empieza y termina con un signo de exclamación (¡!). Una exclamación muestra una emoción fuerte como entusiasmo, sorpresa o miedo.

Ejemplo: ¡Gina ama la música!

- Un **mandato** es una orden. Le indica a alguien que haga algo. Comúnmente empieza con un verbo y termina con un punto.

Ejemplo: Haz la tarea.

Pregunta para pensar
¿La oración muestra entusiasmo, sorpresa, miedo o le indica a alguien que haga algo?

Subraya las exclamaciones o los mandatos correctos. Escribe al lado qué clase de oración es.

1. ¡Gina es una cantante maravillosa! ______

Gina es una cantante maravillosa

2. cuéntale las noticias a Luis ______

Cuéntale las noticias a Luis.

3. ¡Va a protagonizar el espectáculo! ______

va a protagonizar el espectáculo.

Nombre ______________________________ Fecha ______

Revisar el modelo CVC

Lee la carta. Completa los espacios en blanco con las palabras correctas del banco de palabras. Subraya en cada una la sílaba que tiene la estructura CVC (consonante-vocal-consonante). Luego usa las dos palabras restantes para escribir dos oraciones para completar la carta.

Banco de palabras

parque	juntos	salté	festejo
aves	divertido	mires	encantará

Querido Tito:

Hoy fui al ______________ por el ______________ de la primavera. Vi varias ______________. ______________ aquí y allá. ¡Fue ______________! Aquí te envío una foto para que ______________.

____

____

____

____

Tu amigo,

____

Nombre ________________________ Fecha ______

Estructura del cuento

Lee el siguiente cuento.

A Juli le encantaba enseñarles trucos a sus mascotas. Cuando tenía tres años, le enseñó a su perro a dar vueltas. Cuando tenía cinco, le enseñó a su hámster a subirse a las cortinas. Cuando Juli tenía ocho años quiso ganar el concurso de trucos para mascotas. Le enseñó a su loro Bruno el mejor truco hasta ese momento.

La amiga de Juli, Meli, fue a conocer a Bruno.

Bruno lanzó un graznido:

—¡Bruno quiere una galleta!

—Eso no es muy especial —dijo Meli—. No creo que ganes.

—Solo espera —dijo Juli. Comenzó a cantar *Yankee Doodle Dandy*. También lo hizo Bruno. Juli paró de cantar, pero Bruno continuó haciéndolo. ¡Cantó toda la canción él solo!

—¡Vaya! —dijo Meli—. ¡Ese sí es un truco ganador!

Completa un mapa del cuento para identificar las partes del cuento.

<table>
<tr><td>Personajes: Juli, Meli, Bruno</td><td>Escenario: la casa de Juli</td></tr>
<tr><td colspan="2">Argumento: Juli quiere que Bruno ingrese en el concurso de trucos para mascotas, pero Meli no cree que el loro gane.</td></tr>
<tr><td colspan="2">Sucesos: 1. ______________
2. ______________
3. ______________
4. ______________</td></tr>
<tr><td colspan="2">Solución: Meli piensa que este truco ganará el concurso.</td></tr>
</table>

Nombre ______________________ Fecha ______

La música de Violeta
Ortografía: Palabras de sílabas cerradas con *r, s, z* y *x*

Palabras de sílabas cerradas con *r*, *s*, *z* y *x*

Clasifica las palabras de ortografía según si tienen sílabas cerradas con *r, s, z, x*. Si una palabra tiene más de una sílaba cerrada con *r, s, z* o *x*, clasifícala por la primera.

Palabras de ortografía

Básicas

1. pitar
2. acompañar
3. soñar
4. pensar
5. tardanzas
6. verás
7. verduras
8. pasto
9. eres
10. capaz
11. masas
12. rapaz

De repaso

13. horas
14. flores

Palabras con *r*

1. ______________________
2. ______________________
3. ______________________
4. ______________________
5. ______________________
6. ______________________

Palabras con *s*

7. ______________________
8. ______________________
9. ______________________
10. ______________________
11. ______________________
12. ______________________

Palabras con *z*

13. ______________________
14. ______________________

Subraya la sílaba cerrada de cada palabra que te indicó en qué columna colocarla.

Clases de oraciones

- Todas las oraciones comienzan con letra mayúscula.
- Una **pregunta** interroga sobre algo. Comienza y termina con un signo de interrogación.
- Una **exclamación** muestra emociones fuertes. Comienza y termina con un signo de exclamación.
- Una **declaración** afirma algo. Termina con un punto.
- Un **mandato** es una orden. Termina con un punto.

¿Qué podemos hacer?	**Pregunta**
¡Queremos mantas eléctricas!	**Exclamación**
La vaca puede escribir a máquina.	**Declaración**
Entrega esto a las vacas, Pato.	**Mandato**

Pregunta para pensar
¿La oración pregunta, cuenta, manda o muestra sentimientos fuertes?

 **Lee las oraciones. Luego escribe qué clase de oración es cada una.**

1. ¿Qué hace el caballo? ____________________

2. El caballo cuenta chistes. ____________

3. ¡Es un caballo increíble! _____________

4. ¿Has escuchado ese chiste antes? ______________

5. Cuéntamelo ahora. ______________

6. ¡Qué risa! ______________

Nombre _______________________ Fecha _______

Punto de enfoque: Voz
Mostrar sentimientos

Sentimiento débil	Sentimiento fuerte
Me gusta la música de películas.	¡Es fabuloso escuchar música de películas!

A. Lee las oraciones que muestran sentimientos débiles. Agrega o cambia algunas palabras para mostrar sentimientos fuertes.

Sentimientos débiles	Sentimientos fuertes
1. La guitarra es un instrumento musical.	La guitarra es un instrumento musical ______________________.
2. Me gusta toda la música.	¡Cualquier tipo de música ______________________

B. Lee las oraciones que muestran sentimientos débiles. Agrega palabras para mostrar sentimientos fuertes. Escribe las nuevas oraciones.

Sentimientos débiles	Sentimientos fuertes
3. Nuestra banda hizo un concierto.	______________________ ______________________
4. La trompeta es un buen instrumento.	______________________ ______________________

Nombre ______________________ Fecha ______

Repaso acumulativo

Escribe las palabras del recuadro para completar las oraciones.

Banco de palabras

cerrado ahora cura acurrucarse

1. El médico le ______________ las heridas a Pepi.
2. Me siento mucho mejor ___________ que tomé la medicina.
3. Dejaste ___________ el galpón y no pude entrar.
4. Es un día ideal para ___________ en la cama porque hace frío.

Ahora escribe las palabras debajo de la sílaba abierta que corresponda.

carro	**cara**
______________	______________
______________	______________

Nombre ______________________ Fecha ______

Estructura del cuento

Lee la siguiente selección.

José estaba esperando su turno. La clase cantaba:

—Tac, tec, toc. El ratón subió al reloj.

Ani hizo que su títere de ratón corriera alrededor del reloj. Todo el mundo aplaudió. Luego la clase cantó:

—El reloj sonó. El ratón bajó.

¡Era el turno de José!

José golpeó el gong. Pero lo golpeó demasiado fuerte. El sonido fue tan fuerte que José se cayó. Mientras caía, José se golpeó contra Ani, y ella se cayó. ¡Luego Ani chocó contra el reloj, y el reloj se cayó!

—¡Tac, tec, toc! —cantó la clase.

¡Todos aplaudieron! Pensaron que era el espectáculo más divertido que habían visto en toda su vida. José se rió tan fuerte que se olvidó por completo de su error.

Ahora completa un mapa del cuento y responde las siguientes preguntas.

1. ¿Quiénes son los personajes del cuento? ¿Dónde tiene lugar el cuento?

____

____

____

2. ¿Cómo se resuelve el problema de José al final del cuento?

____

Nombre ______________________ Fecha ______

Palabras de sílabas cerradas con *r, s, z, x*

Palabras de ortografía

Básicas

1. pitar
2. acompañar
3. soñar
4. pensar
5. tardanzas
6. verás
7. verduras
8. pasto
9. eres
10. capaz
11. masas
12. rapaz

De repaso

13. horas
14. flores

Lee las palabras en voz alta. Luego escríbelas debajo de la palabra que tiene una sílaba cerrada con la misma letra (*r, s, z* o *x*). Si una palabra tiene más de una sílaba cerrada con *r, s, z* o *x*, clasifícala por la primera.

votar	latas	mezcla
______	______	______
______	______	______
______	______	______
______	______	______
______	______	______
______	______	______

Nombre ______________________ Fecha ________

Clases de oraciones

Una **pregunta** interroga sobre algo. Comienza y termina con un signo de interrogación.	¿Cantarías conmigo?
Una **exclamación** muestra una emoción fuerte y empieza y termina con un signo de exclamación.	¡Será divertido!
Un **mandato** es una orden. Le indica a una persona o a un animal que haga algo, y termina con un punto.	Detente.
Una **declaración** afirma algo. Termina con un punto.	Ahora podemos empezar.

Lee las oraciones. Di qué clase de oraciones son. Luego vuelve a escribir las oraciones con los signos de puntuación correctos.

1. marco toca la guitarra ______________________
____
2. dónde está él ______________________
____
3. pídele que se una a nuestra banda ______________________
____
4. esa es una gran idea ______________________
____

Nombre ______________________ Fecha ______

Lenguaje figurado/modismos

Lee las oraciones. Elige los modismos del recuadro que pueden reemplazar a las palabras subrayadas. Escribe los modismos.

Banco de palabras

¿te comieron la lengua los ratones?
hacer borrón y cuenta nueva
aquí hay gato encerrado
cuesta un ojo de la cara
marcha sobre ruedas
es pan comido

1. Eso es muy fácil de hacer.

____

2. Hay que empezar todo de nuevo.

____

3. Aquí están escondiendo algo.

____

4. Ese vestido es muy caro.

____

5. Todo está saliendo a la perfección.

____

6. ¿Por qué no dices nada?

____

Nombre ______________________ Fecha ______

Corregir la ortografía

Corrige la nota del periódico. Encierra en un círculo las diez palabras que tienen errores ortográficos. Luego vuelve a escribirlas correctamente en las líneas siguientes.

Veráz, ayer me encontraba llevando berduraz y mazas a mi casa, cuando me caí en el pazto. Como sé que a mi mamá no le gustan las tardansas me apuré a levantarme y volver cuanto antes, pero cuando eres niño no erez capás de correr muy rápido. ¡Luego, de la nada apareció un ave rapás que me robó con su pico la bolsa con el recado! Quería penzar alguna excusa para mi mamá cuando de repente escuché su voz llamándome para el desayuno. ¡Qué divertido es zoñar!

Palabras de ortografía

Básicas

1. pitar
2. acompañar
3. soñar
4. pensar
5. tardanzas
6. verás
7. verduras
8. pasto
9. eres
10. capaz
11. masas
12. rapaz

De repaso

13. horas
14. flores

1. ______________ 6. ______________

2. ______________ 7. ______________

3. ______________ 8. ______________

4. ______________ 9. ______________

5. ______________ 10. ______________

Ordena las letras para escribir las palabras básicas.

11. tipra ______________

12. arocampañ ______________

Adjetivos de tamaño y de forma

Encierra en un círculo el adjetivo que corresponda.

1. Compramos tomates (grande, redondos).

2. Conseguimos una mesa (pequeño, rectangular) para el comedor.

3. El (ovalado, grande) balón volaba por los aires.

4. El (pequeño, diminuta) salón se llenó de personas.

Lee las oraciones. Luego vuelve a escribir las oraciones con el adjetivo correcto.

5. El grande monstruo se acercaba al niño.

____

6. Comí unos frutos ovalado muy sabrosos.

____

7. Los pequeño duendes se asomaban con curiosidad.

____

8. Dibujó frutas redonda en las ramas del árbol.

____

Nombre ______________________ Fecha ________

Fluidez de la oración

Oraciones simples	Oración compuesta
Marga toca el piano. Luis canta en español.	Marga toca el piano y Luis canta en español.

Oraciones simples	Oración compuesta
Luis toma clases de canto. Su mamá lo lleva hasta allí.	Luis toma clases de canto y su mamá lo lleva hasta allí.

Lee los pares de oraciones. Usa y para unirlas y formar oraciones compuestas.

1. Tito toca el piano. La multitud aplaude.

   ____

2. Dana lee música. Diego aprende de ella.

   ____

3. Mamá toca la guitarra. Le enseña a Manu a tocar.

   ____

4. Papá toca la batería. Nosotros escuchamos el ritmo.

   ____

5. Nos gusta la música. Nos encanta tocar juntos.

   ____

Nombre ______________________ Fecha ________

Sílabas cerradas con *l, m, n, d*

Escribe una palabra para cada pista. Subraya la sílaba cerrada con *l, m, n* o *d* en cada palabra.

1. Es lo opuesto de *terminar*.

Significa comenzar. ______________

2. Tiene un sol y un dado en el nombre.

Forma parte del ejército. ______________

3. Es un color.

Es lo opuesto de *negro*. ______________

4. Con queso es muy sabrosa.

En esta página hay un dibujo de una. ______________

5. Se hace con la voz.

Lo hacen las personas y también los pájaros. ______________

6. Es lo opuesto de *mentira*. ______________

Escribe dos oraciones con dos de las palabras que escribiste antes.

7. ______________________________

8. ______________________________

Nombre ______________________ Fecha ________

El guión largo

El guión largo se usa para indicar lo que dicen los personajes de los cuentos. Se escribe guión largo después de palabras como "dijo" y "preguntó" seguidas de dos puntos. El guión largo se escribe antes de lo que dice la persona, sin dejar espacio, y la oración empieza con letra mayúscula. El punto se escribe al final de la oración y los signos de exclamación o interrogación se escriben al principio y al final de la oración.

Carlos dijo: —¿Te gusta tocar el tambor?

Carola dijo: —A mí me gusta tocar la guitarra.

Pregunta para pensar
¿Qué dice el personaje?

Vuelve a escribir las oraciones. Pon el guión largo para indicar lo que dice la persona que habla y marca los signos de puntuación correctamente.

1. Juan preguntó pueden tocar en mi lugar.

____

2. Luis respondió tocaremos en tu lugar.

____

3. Carola preguntó tú también tocas un instrumento.

____

4. José contestó sí, toco el piano.

____

5. Los niños dijeron ven a tocar con nosotros.

____

Nombre ______________________________ Fecha ______

Revisar el modelo VCV

Lee las oraciones. Encierra en un círculo las palabras que tienen el modelo VCV (vocal-consonante-vocal) y que comienzan con una vocal.

1. Me gusta jugar con mi amiga Ana en el patio de la escuela.
2. Un día vimos un ave amarilla única.
3. Tenía el ala lastimada y era una imagen triste.
4. La maestra luego nos alegró al decir que pronto se curaría.
5. En pocos días se sintió aliviada y pudo volver a volar.

Ahora, escribe las palabras que encerraste en un círculo en el grupo correspondiente.

Todas las sílabas son abiertas:

____

____

Tiene al menos una sílaba cerrada:

____

Nombre ____________________ Fecha ______

Propósito del autor

Lee la siguiente selección.

¿Te gustaría ensuciarte las manos en la escuela? Algunas escuelas tienen una huerta. Los niños deciden qué quieren plantar. También aprenden a plantar semillas.

Los niños riegan las plantas y sacan las malas hierbas que crecen en la huerta. Aprenden qué insectos les hacen mal a las plantas y cuáles no.

Una vez que las plantas crecen, los niños recogen los frutos. Si cultivan plantas que se pueden comer, las cocinan y las comen.

Las huertas de las escuelas ofrecen una buena oportunidad para tomar aire fresco y hacer ejercicio. A los niños que cuidan una huerta también les gusta comer los alimentos que plantan. ¡Tener una huerta en la escuela es divertido y bueno para la salud!

Piensa acerca del propósito del autor al escribir esta selección. Luego, escribe en las casillas los detalles que te ayudaron a decidir cuál era el propósito del autor.

El autor cuenta lo que hacen los niños en la huerta de la escuela.		El autor dice que cuidar una huerta es divertido y bueno para la salud.

Propósito del autor:

Nombre ______________________ Fecha ______

Escuelas alrededor del mundo
Ortografía: Palabras de sílabas cerradas con *l, m, n, d*

Palabras de sílabas cerradas con *l, m, n, d*

Palabras de ortografía

Básicas
1. lenta
2. musical
3. cartel
4. tradicional
5. mezclan
6. marcad
7. mandar
8. compás
9. creyón
10. combinación
11. pompa
12. menta

De repaso
13. mundo
14. algún

Clasifica las palabras de ortografía según si tienen la consonante de la sílaba cerrada (*l, m, n* o *d*). Si una palabra tiene más de una sílaba cerrada con *l, m, n* o *d*, clasifícala por la primera.

Sílabas cerradas con *l*

1. ______________
2. ______________
3. ______________
4. ______________

Sílabas cerradas con *m*

5. ______________
6. ______________
7. ______________

Sílabas cerradas con *n*

8. ______________
9. ______________
10. ______________
11. ______________
12. ______________
13. ______________

Sílabas cerradas con *d*

14. ______________

Subraya la sílaba cerrada de cada palabra que te indicó en qué columna colocarla.

Nombre ______________________________ Fecha ______

Más sobre el guión largo

Sigue estas reglas para usar el guión largo:

1. Escribe **dos puntos** después de palabras como "dijo" y "preguntó".
2. Escribe el guión largo antes de lo que dice la persona, sin dejar espacio, y empieza la oración con letra mayúscula.
3. Recuerda terminar la oración con un punto o incluir signos de exclamación o interrogación si lo que dice el personaje es una exclamación o una pregunta.

Ejemplo: Juana dijo: —Escribí un poema.

Pedro preguntó: —¿De qué se trata?

Pregunta para pensar
¿Dónde empieza y dónde termina lo que dice el personaje?

Subraya la oración que está escrita correctamente.

1. María preguntó: —¿Eres artista?

María preguntó —¿Eres artista?

2. Juana dijo: Soy escritora.

Juana dijo: —Soy escritora.

3. María preguntó: —¿Es difícil escribir poemas?

María preguntó — ¿Es difícil escribir poemas?

4. Juana respondió: —es divertido escribir poemas.

Juana respondió: —Es divertido escribir poemas.

Nombre ______________________________ Fecha ______

Escuelas alrededor del mundo
Escritura: Escribir para persuadir

Punto de enfoque: Elección de palabras
Usar palabras exactas

Palabras de uso excesivo	Palabras exactas
Pintar es una cosa divertida.	Pintar es un **pasatiempo artístico**.

A. Lee las oraciones de la izquierda. Agrega o cambia algunas palabras para que las oraciones sean más exactas.

Palabras de uso excesivo	Palabras exactas
1. El almuerzo es la mejor parte del día.	El almuerzo es ______________________ ______________________.
2. En el almuerzo, puedo hablar con las personas.	En el almuerzo, ______________________ ______________________.

B. Lee las siguientes oraciones que tienen palabras de uso excesivo. Escríbelas de nuevo agregando o cambiando algunas palabras para que sean más exactas.

Pocas palabras exactas	Agrega palabras o frases exactas
3. Mi maestra de arte es buena.	
4. Me encanta hacer cosas.	

Nombre ______________________ Fecha ________

Repaso acumulativo

Lee las letras. Agrega *r* o *rr* para formar palabras.

1. lo________o
2. co________eo
3. ce________ado
4. de________ama
5. ce________a
6. ta________ea
7. ca________a
8. co________er
9. pintu________a
10. a________iba
11. zo________o
12. mane________a

Nombre ______________________ Fecha ________

Propósito del autor

Escuelas alrededor del mundo
Profundizar la comprensión:
Propósito del autor

Lee la siguiente selección.

Nadie sabe cómo serán las escuelas del futuro. Tal vez los edificios de las escuelas lleguen hasta las nubes. Así, se usaría menos espacio en la Tierra. ¡Tal vez los niños vayan a la escuela con un cohete en la espalda en lugar de una mochila!

En el salón de clases, habrá una computadora para cada estudiante en lugar de escritorios y libros. El maestro podría llegar a ser un robot en lugar de una persona. Hay algo que seguramente seguirá siendo igual: ¡la tarea!

Completa el mapa de inferencias sobre el propósito del autor.

Las escuelas podrían llegar hasta las nubes.		En el futuro, es posible que no haya maestros, ni libros ni escritorios en las clases.

Propósito del autor:

Nombre ____________________ Fecha ______

Escuelas alrededor del mundo
Ortografía: Palabras de sílabas cerradas con *l, m, n, d*

Palabras de sílabas cerradas con *l, m, n, d*

Palabras de ortografía

Básicas

1. lenta
2. musical
3. cartel
4. tradicional
5. mezclan
6. marcad
7. mandar
8. compás
9. creyón
10. combinación
11. pompa
12. menta

De repaso

13. mundo
14. algún

Escribe las palabras de ortografía para completar las oraciones.

1. Para mi cumpleaños me regalaron una tarjeta ____________ con una melodía ____________.
2. Haced un dibujo con un ____________ y ____________ qué parte del cuento habéis dibujado.
3. Hagan un círculo con un ____________ para representar el ____________.
4. Quiero ____________ de regalo a mi familia en España un objeto ____________ de nuestro país.
5. Los cocineros ____________ diferentes ingredientes para obtener la ____________ perfecta.
6. Me gustan los caramelos de ____________.
7. ¿Viste ____________ ____________ colgado en la puerta de la escuela?
8. Con un poco de agua y detergente, puedo formar una ____________ de jabón.

Nombre ______________________________ Fecha ______

El guión largo

Escribe las oraciones correctamente.

1. La señora López dijo –Los artistas mezclan colores.

____

2. Juan dijo: –mezclaré el amarillo y el azul.

____

3. Anita dijo: – ¡Formarás el color verde!

____

Subraya la oración que está escrita correctamente.

4. José dijo: Hice una canasta.

   José dijo: –Hice una canasta.

5. Roberto preguntó –¿Cómo la hiciste?

   Roberto preguntó: –¿Cómo la hiciste?

6. José respondió: –La hice con pajitas.

   José respondió: La hice con pajitas.

Nombre ______________________ Fecha ______

Escuelas alrededor del mundo
Estrategias de vocabulario:
Usar el diccionario

Usar el diccionario

Lee y responde las siguientes preguntas.

1. ¿Cuál es el orden que siguen las entradas del diccionario?

____

2. Muestra en qué orden aparecen estas palabras en el diccionario. Numéralas del 1 al 5.

idioma ______________

cultura ______________

comunidad ______________

lección ______________

materias ______________

3. Escribe dos razones importantes para usar el diccionario.

____

____

Nombre ______________________________ Fecha ________

Escuelas alrededor del mundo
Ortografía: Palabras de sílabas cerradas con *l, m, n, d*

Corregir la ortografía

Corrige las oraciones. Encierra en un círculo las doce palabras escritas de manera incorrecta. Luego escríbelas correctamente en las líneas de abajo.

Palabras de ortografía

Básicas

1. lenta
2. musical
3. cartel
4. tradicional
5. mezclan
6. marcad
7. mandar
8. compás
9. creyón
10. combinación
11. pompa
12. menta

1. Para la clase de música, preparamos una composición mucical tradisional y la maestra nos felicitó.
2. Usad un crellón y un compaz y marrcad un círculo que represente una pelota.
3. Si mesclan agua y detergente tendrán la mejor combinasion para hacer una ponpa de jabón.
4. Los niños hicieron un carrtel para la clase.
5. Mi abuela me va a mandarr una planta de mentha.
6. La tortuga es muy lemta.

1. ______________ 7. ______________

2. ______________ 8. ______________

3. ______________ 9. ______________

4. ______________ 10. ______________

5. ______________ 11. ______________

6. ______________ 12. ______________

Nombre ______________________ Fecha ________

Escuelas alrededor del mundo
Gramática: Repaso en espiral

Sujetos y verbos (concordancia)

Subraya el sujeto de cada oración. Encierra en un círculo el verbo que concuerda con el sujeto.

1. Roberto salta/saltan desde el escalón.
2. Las niñas bailan/baila al ritmo de la música.
3. Mi mamá canta/cantamos muy bien.
4. Ellos alienta/alientan al equipo.

Encierra en un círculo el verbo de cada oración. Subraya el sujeto que concuerda con el verbo.

5. Los niños/La niña pinta un dibujo en la escuela.
6. Ayer a la tarde, Joaquín y Malena/Joaquín vinieron a tomar la merienda.
7. Yo/Carla y yo colgamos los cuadros en la pared.
8. Tú/Ellos siempre disfrutas de estar con amigos.

Convenciones

Oraciones escritas incorrectamente	Oraciones escritas correctamente
Juan preguntó —¿es un recipiente de arcilla?	Juan preguntó: —¿Es un recipiente de arcilla?
Mamá dijo, — Sí, lo hice en la clase de arte.	Mamá dijo: —Sí, lo hice en la clase de arte.

Escribe las oraciones correctamente. Corrige los errores de puntuación y mayúsculas según las reglas para usar el guión largo.

1. Mamá preguntó quieres venir a la clase de arte

____

2. Yo pregunté ¿qué vamos a hacer?

____

3. –Mamá dijo: esta semana haremos títeres.

____

4. yo dije –¡Qué divertido!

____

5. Ella dijo –la semana que viene vamos a presentar una obra de títeres.

____

____

Nombre ______________________ Fecha ________

Grupos de consonantes con *r*

Helen Keller
Fonética: Grupos de consonantes con *r*

Escribe una palabra del banco de palabras para cada oración. Luego encierra en un círculo la sílaba que contiene un grupo de consonantes con *r*.

Banco de palabras

grito	pronto	dragón
preparar	gramo	bromas

1. No creo que la receta cambie por poner un ______________ de más.
2. El niño de la película volaba sobre un gran ______________.
3. Si no salimos ______________ llegaremos tarde a la función.
4. Al ver el enorme insecto, mamá dio un ______________ ensordecedor.
5. Algunas ______________ no son graciosas y ofenden a las personas.
6. Para ______________ el escenario, solo necesitamos mucha imaginación.

Días festivos y títulos de libros

- Los **días festivos** son sustantivos propios y se escriben con letra **mayúscula**.

D̲ía de A̲cción de G̲racias   D̲ía del T̲rabajo
D̲ía de la T̲ierra

En julio celebramos el Día de la Independencia.

- En los **títulos de libros,** sólo la primera letra del título se escribe con letra mayúscula. Todo el título se subraya.

Leí <u>Historia de dos ciudades</u> y me encantó.

Pregunta para pensar
¿Con qué palabra puedo nombrar un día festivo?

Escribe cada oración correctamente.

1. El libro relato de un náufrago es el preferido de mi madre.

____

____

2. El día de la Raza tiene mucha importancia.

____

3. El libro de Shakespeare que más me gusta es hamlet.

____

4. Me gusta celebrar el Día de La bandera.

____

5. ¿Leíste secretos verdaderos?

____

Nombre ______________________________ Fecha ________

Revisar el modelo CVCV

Lee las oraciones. Encierra en un círculo las palabras que tienen el modelo CVCV (consonante-vocal-consonante-vocal) y que empiezan con consonante. Luego sepáralas en sílabas al lado de cada ejercicio.

1. Mamá saca una rama del árbol.
2. La goma de borrar está rota.
3. Juan pintó toda la casa de blanco.
4. La vaca come pasto en la granja.
5. Tira un palo al agua para ver si flota.

Ahora, escribe las palabras que encerraste en un círculo en la columna correspondiente.

Palabras que tienen la misma vocal	Palabras que tienen vocales distintas
______________	______________
______________	______________
______________	______________
______________	______________
______________	______________
______________	______________

Nombre ______________________________ Fecha ________

Idea principal y detalles

Lee la siguiente selección.

Sabemos que los perros guía ayudan a las personas ciegas. Pero ¿sabías que otros animales entrenados también pueden ayudar a las personas?

Los perros de asistencia están entrenados para ayudar a las personas que están enfermas o lastimadas. Si se cae algo, ellos lo levantan. Pueden empujar una silla de ruedas. Pueden encender y apagar las luces o abrir y cerrar puertas. Un perro de asistencia también puede cargar los libros de la escuela.

Los monos pueden ayudar a las personas que están en una silla de ruedas. Los entrenadores les enseñan a usar las manos para hacer distintas tareas, por ejemplo, alcanzar algo a alguien para que beba o coma, levantar objetos caídos, ayudar a alguien a poner un CD o un vídeo y encender y apagar las luces.

La vida es mucho mejor para algunas personas gracias a la ayuda de los animales.

Anota los siguientes detalles de apoyo para brindar más información sobre la idea principal.

Idea principal: Los animales de asistencia ayudan a las personas que están enfermas o lastimadas.

Nombre ______________________ Fecha ________

Palabras con grupos de consonantes con *r*

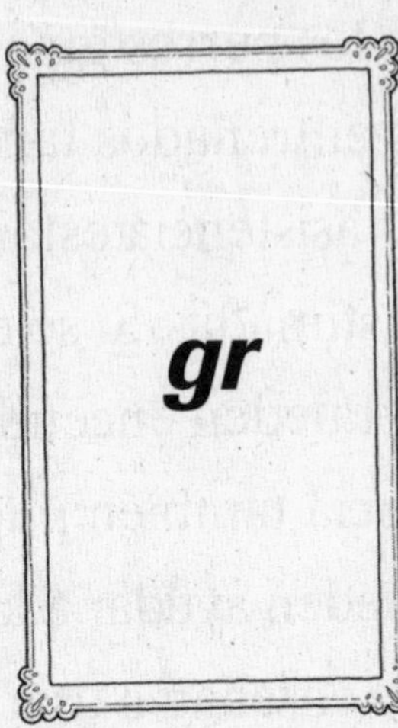

Palabras de ortografía

Básicas

1. nombre
2. gris
3. gritaba
4. palabras
5. hambre
6. sobre
7. nombrando
8. libros
9. brotaban
10. brisa
11. drama
12. gramo

De repaso

13. padre
14. madre

Clasifica las palabras de ortografía según el grupo de consonante con *r*.

Palabras con *br*	Palabras con *dr*	Palabras con *gr*
1. ____________	9. ____________	12. ____________
2. ____________	10. ____________	13. ____________
3. ____________	11. ____________	14. ____________
4. ____________		
5. ____________		
6. ____________		
7. ____________		
8. ____________		

Subraya los grupos de consonantes con *r* en cada palabra.

Nombre ______________________________ Fecha ________

Helen Keller
Gramática: Sustantivos comunes y propios

Días festivos

Los **días festivos** son sustantivos propios y se escriben con letra **mayúscula**.

Día de Acción de Gracias   Día del Trabajo
Día de la Tierra

En julio celebramos el Día de la Independencia.

Pregunta para pensar
¿Con qué palabra puedo nombrar un día festivo?

Escribe las oraciones correctamente.

1. ¿Cuándo es el día De La abolición de la Esclavitud?

 ____

2. Encontré a mi mascota el día del animal.

 ____

3. El día de los caídos no vamos a la escuela.

 ____

4. El Día Del padre nos reunimos con toda la familia.

 ____

5. El día de los presidentes es en febrero.

 ____

Nombre ______________________ Fecha ______

Helen Keller
Escritura: Escribir para persuadir

Punto de enfoque: Ideas
Hechos y opiniones

Un hecho se puede demostrar. Una opinión no se puede demostrar. Una opinión expresa lo que alguien piensa o siente. Algunas de las palabras que se usan para expresar una opinión son *creo que, me gusta* o *me parece que.*

Lee los siguientes párrafos. Escribe la opinión que ves en cada uno. Escribe dos hechos que apoyan la opinión.

Helen Keller aprendió a leer, a escribir y a hablar. Creo que fue una persona notable. Viajó por todo el mundo. Habló frente a miles de personas.

Opinión: ______________________

Hechos: ______________________

____

____

Annie Sullivan fue la maestra de Helen Keller. Al principio, Helen peleó con ella. Incluso la golpeó y le rompió un diente. Creo que Helen fue un verdadero desafío para Annie.

Opinión: ______________________

Hechos: ______________________

____

Nombre ______________________ Fecha ______

Repaso acumulativo

Helen Keller
Fonética: Repaso acumulativo

Responde a las pistas con las palabras que están debajo de las oraciones.

1. Planta que da flores y tiene espinas ______________

Anuncio que se ve en la calle ______________

rosal **cartel**

2. Fruta que da el limonero ______________

Variedad de árbol ______________

álamo **limón**

3. Grupo de muchísimas personas ______________

Sustantivo de la palabra bueno ______________

multitud **bondad**

4. Cavar la tierra ______________

Echar de menos a una persona ______________

extrañar **excavar**

5. Combinar elementos ______________

Sacar peces del agua ______________

mezclar **pescar**

Nombre ____________________ Fecha ________

Idea principal y detalles

Lee la siguiente selección.

Hay muchas herramientas que ayudan a las personas que no ven a compartir información. Como no pueden ver las letras que hay en una página, leer era una tarea imposible. Pero un inventor llamado Louis Braille determinó un patrón diferente de puntos en relieve para cada letra. Una persona puede tocar los puntos y reconocer cada letra. Esas letras se combinan para formar palabras y oraciones. Ese método de lectura se llama Braille.

Las personas pueden escribir con un organizador Braille. Para eso, escriben en un teclado Braille. El organizador Braille transforma lo que escriben en palabras que se pueden leer en la pantalla de la computadora.

Los lectores de pantalla también son muy útiles. Son programas de computadora que leen las palabras que aparecen en la pantalla de la computadora y luego las "dicen" en voz alta.

Completa el mapa de apoyo de ideas.

Palabras con grupos de consonantes con *r*

Palabras de ortografía

Básicas

1. nombre
2. gris
3. gritaba
4. palabras
5. hambre
6. sobre
7. nombrando
8. libros
9. brotaban
10. brisa
11. drama
12. gramo

De repaso

13. padre
14. madre

Escribe una palabra de ortografía para cada pista.

1. Palabra que identifica a una persona o una cosa

   ____

2. Unidad de peso ______________________________
3. Obra de teatro o película donde hay mucha tensión

   y emoción ______________________________

4. Color que se forma al mezclar el negro y el blanco

   ____

5. Ganas de comer ______________________________
6. Cubierta de papel en la que se envía una carta

   ____

7. Objetos con hojas que se pueden leer ______________________________
8. Elementos que forman una oración ______________________________
9. Viento suave ______________________________
10. Mujer que tiene un hijo ______________________________

Nombre ______________________ Fecha ______

Títulos de libros

En los títulos de libros, sólo la primera letra del título se escribe con letra mayúscula. Todo el título se subraya.

Escribe los títulos de los libros correctamente.

1. El libro diario de una araña me hizo reír.

____

2. Ayer leí Animales Que Construyen Casas.

____

3. ¿Te gustó leer las mascotas de la Maestra?

____

Escribe las oraciones correctamente.

4. Tormentas increíbles me gustó mucho.

____

5. Leí el libro que se llama Mi familia.

____

6. Todos leímos Escuelas alrededor del mundo.

____

Sufijo *-mente*

Agrega el sufijo *-mente* a las palabras base para formar una nueva palabra. Escribe la nueva palabra en la línea.

1. repentina ______________________
2. suave ______________________
3. curiosa ______________________
4. cuidadosa ______________________

Elige una palabra del recuadro para completar cada oración. Escribe la palabra en la línea.

Banco de palabras

rápidamente alegremente lentamente

5. La niña sonrió ______________________.
6. Caminamos ______________________ a la orilla del río.
7. Limpiamos todo ______________________ porque la maestra nos ayudó.

Nombre ______________________ Fecha ________

Helen Keller
Ortografía: Palabras con grupos de consonantes con *r*

Corregir la ortografía

Palabras de ortografía

Básicas

1. nombre
2. gris
3. gritaba
4. palabras
5. hambre
6. sobre
7. nombrando
8. libros
9. brotaban
10. brisa
11. drama
12. gramo

Corrige las oraciones. Encierra en un círculo las doce palabras escritas de manera incorrecta. Luego escríbelas correctamente en las líneas de abajo.

1. Escribí mi nonbre en un sovre grris y llevé la carta al correo.
2. Cuando entró la maestra, Mario estaba nonbrando los livros que leyó para la lección.
3. La señora gritava enojada y decía palavras poco agradables. ¡Era un drrama!
4. Juan comió mucho en el desayuno, por eso ahora no tiene ambre.
5. Plantamos muchas semillas y al poco tiempo ya vrotaban muchas flores.
6. Me gusta sentir la brrisa del mar.
7. ¡Qué liviano! No pesa ni un bramo.

1. ______________ 7. ______________
2. ______________ 8. ______________
3. ______________ 9. ______________
4. ______________ 10. ______________
5. ______________ 11. ______________
6. ______________ 12. ______________

Sustantivos y adjetivos (singulares y plurales)

- Recuerda que el adjetivo concuerda con el sustantivo al que modifica. Si el sustantivo está en singular, el adjetivo también debe estar en singular; si el sustantivo está en plural, el adjetivo también debe estar en plural.

Ejemplos: Mi mamá es muy buena.
Mis libros nuevos están en la biblioteca.

Subraya el adjetivo correcto.

1. La maestra enseña un tema (nuevo/nuevos) a los niños.
2. La niña es muy (aplicada/aplicadas) y aprendió a leer Braille.
3. Los niños son muy (travieso/traviesos).

Escribe las oraciones correctamente.

4. Carlos toma un lápiz negros.

____

5. Pedro me regaló un ramo de hermosa flores fresca.

____

6. Benjamín me pasa las pelotas grandes y verde.

____

Ideas: Dar más información

Sin palabras que indican <u>cuándo</u> ocurrió	Con palabras que indican <u>cuándo</u> ocurrió
Benito viene de visita. Se lastimó la pierna. Le hice una tarjeta.	Benito viene de visita <u>todos los sábados</u>. Se lastimó la pierna <u>el 12 de junio de 2010</u>. El <u>Día de San Valentín</u> le hice una tarjeta.

Lee el párrafo. Agrega frases del recuadro para indicar cuándo ocurren los hechos. Escribe las frases en las líneas.

el próximo Día de los Presidentes
el 16 de septiembre
el Día de Acción de Gracias pasado
todos los jueves

Sara vive al lado de mi casa. Es maestra del lenguaje de señas. Empezó a enseñar ______________________ de 2009. Tiene dos clases. A Sara le gusta ayudar en mi escuela. Hizo una obra de teatro con el lenguaje de señas ______________________. Quiere volver a hacerlo ______________________.

Nombre ______________________________ Fecha ______

Grupos de consonantes con *l*

Lee la carta. Encierra en un círculo las palabras que tienen grupos de consonantes con *l*.

Querido abuelo:

Ayer a la tarde fuimos a la plaza con unos compañeros de mi clase porque el clima era muy agradable. Unas niñas se sentaron en un banco blanco a mirar las flores y otras compraron globos. Mis amigos y yo hicimos planes para festejar el cumpleaños de Claudio. Es posible que vayamos al club que está cerca de tu casa.

Saludos,
Julio

Escribe en cada línea una palabra que tenga un grupo de consonantes con *l*.

______________________ ______________________ ______________________

Nombre ____________________ Fecha ________

Títulos para personas

- Se puede usar un **título** delante del nombre de una persona.
- Cuando abreviamos los títulos de personas, utilizamos letra **mayúscula** al comienzo y un **punto** al final de la abreviatura.

El Sr. Ramón es maestro de música.

La Srta. López es guardia de tránsito.

Pregunta para pensar
¿Hay algo delante del nombre de la persona?

Escribe correctamente los nombres y los títulos subrayados.

1. La Señorita Méndez invitó a un oficial de policía a la clase.

   ____

2. El lunes el sr Ramón vino a la clase.

   ____

3. Vino con su compañera, la Señora Sánchez.

   ____

4. Vino también el dr. Lucas.

   ____

5. Hablaron con el entrenador, el Señor. Gómez.

   ____

Nombre _______________ Fecha ______

Grupos de consonantes con *l*

Usa las palabras del banco de palabras para completar las siguientes oraciones. Subraya el grupo de consonantes con *l* en cada palabra.

Banco de palabras

flotar	biblioteca	flaco
playa	plumas	claro

1. El verano pasado, fui a la _______________ con mi familia.
2. Tengo una camisa de color _______________.
3. El año pasado aprendí a nadar y a _______________ en el agua.
4. Los pantalones se me caen. Estoy más _______________.
5. Voy a la _______________ a buscar un libro de Historia.
6. En el parque vi un pájaro con _______________ de todos colores.

Nombre ______________________ Fecha ______

Causa y efecto

Lee la siguiente selección.

Pipo, el perro, y Mara, la gata, estaban jugando a atrapar la pelota. Pipo tenía la pelota entre sus patas.

—¡Prepárate, Mara! —gritó Pipo.

Estaba a punto de lanzar la pelota cuando tropezó con una ramita que había en el pasto. La pelota salió disparada hacia arriba.

Mara intentó atraparla, pero la pelota le rebotó en la cabeza y fue a parar a la copa de un árbol. Eduardo, el pájaro, vio todo lo que había ocurrido.

—Disculpe —le dijo Mara a Eduardo—. ¿Sería tan amable de ayudarnos a recuperar la pelota?

—Por supuesto —respondió Eduardo con un chirrido. Le dio un empujoncito a la pelota y así la pelota cayó al piso.

—¡Muchas gracias! —dijeron Pipo y Mara al mismo tiempo.

Completa el mapa de T para mostrar las relaciones de causa y efecto.

Causa	Efecto
1.	**1.** Pipo tropieza.
2. La pelota rebota en la cabeza de Mara.	**2.**
3.	**3.** La pelota cae al piso.

Nombre ______________________ Fecha ________

El oficial Buckle y Gloria
Ortografía: Palabras con grupos de consonantes con *l*

Palabras con grupos de consonantes con *l*

Clasifica las palabras de ortografía según el grupo de consonantes con *l* al que pertenecen. Subraya los grupos de consonantes con *l* en cada palabra.

Palabras de ortografía

Básicas

1. explotó
2. aplaudieron
3. repleto
4. tablón
5. incluso
6. platos
7. blusa
8. blanco
9. plumas
10. globo
11. gladiador
12. glaciar

De repaso

13. flores
14. claro

Palabras con *pl*

1. ____________
2. ____________
3. ____________
4. ____________
5. ____________

Palabras con *bl*

6. ____________
7. ____________
8. ____________

Palabras con *gl*

9. ____________
10. ____________
11. ____________

Palabras con *cl*

12. ____________
13. ____________

Palabras con *fl*

14. ____________

Nombre ______________________________ Fecha ________

El oficial Buckle y Gloria
Gramática: Abreviaturas

Abreviaturas para días y meses

- Los días de la semana se pueden abreviar. Una **abreviatura** es una forma corta de escribir.

lun. **mar.** **mié.** **jue.** **vier.** **sáb.** **dom.**

- Los meses del año también se pueden abreviar.

ene.	**may.**	**sept.**
feb.	**jun.**	**oct.**
mar.	**jul.**	**nov.**
abr.	**ago.**	**dic.**

El primer lun. de oct.

Pregunta para pensar
¿Cómo es la forma corta de la palabra?

Escribe las abreviaturas de cada palabra.

1. miércoles ____________
2. diciembre ____________
3. domingo ____________
4. enero ____________
5. lunes ____________
6. marzo ____________
7. septiembre ____________
8. martes ____________
9. noviembre ____________
10. sábado ____________
11. febrero ____________
12. julio ____________
13. junio ____________
14. octubre ____________
15. jueves ____________
16. agosto ____________
17. viernes ____________
18. abril ____________

Nombre ________________________________ Fecha ______

El oficial Buckle y Gloria
Escritura: Escribir para persuadir

Punto de enfoque: Ideas
Oraciones principales

Un buen ensayo persuasivo tiene un objetivo, da razones, hechos y ejemplos. El **objetivo** es lo que quiere conseguir el escritor. Las **razones** explican por qué. Los **datos** y los **ejemplos** dan más información sobre las razones descritas.

Lee el ensayo persuasivo. Escribe el objetivo. Encierra en un círculo las razones. Subraya los datos y los ejemplos.

Por qué necesitamos al oficial Buckle y a Gloria

¡Tengo una gran idea! El oficial Buckle y Gloria podrían dar un discurso en nuestra escuela.

Una de las razones es que tenemos que aprender sobre la seguridad. Los consejos de seguridad pueden prevenir accidentes. ¡Y hasta pueden salvar vidas!

Otra de las razones es que el oficial Buckle y Gloria brindan un muy buen espectáculo. Gloria representa todos los consejos de seguridad. A los niños les encanta ver las actuaciones de Gloria.

Por lo tanto, por favor, invitemos al oficial Buckle y a Gloria a dar su discurso en nuestra escuela. ¡Sería genial!

Objetivo: ________________________________

____

¿Qué razones se nombran en el segundo párrafo?

____

____

Nombre ______________________________ Fecha ________

Repasar el modelo VCCV

Lee las oraciones. Encierra en un círculo las palabras que tienen el modelo VCCV (vocal-consonante-consonante-vocal).

1. Ema me llamó para mostrarme algo.
2. El sábado mamá nos llevó a la iglesia.
3. ¿Vives en un iglú?
4. Nos iremos de vacaciones a una isla.
5. Ayer vi una película que me llegó al alma.
6. Con mi mamá vaciamos el armario.

Ahora, escribe las palabras que encerraste en un círculo en la columna correspondiente.

Palabras que tienen dos sílabas	Palabras que tienen más de dos sílabas
______________	______________
______________	______________
______________	
______________	

Nombre ______________________ Fecha ________

Causa y efecto

Lee la siguiente selección.

Tomi sacaba muy buenas fotografías. Por eso Maia le pidió ayuda. Quería presentar una foto de su perro Remo en el concurso de fotos de mascotas.

—Voy a hacer que Remo haga una pirueta mientras tú le tomas una foto —dijo Maia.

—¡Buena idea! —respondió Tomi. Remo movía la cola, contento.

Todos fueron a la cancha de tenis. Remo se ubicó de un lado de la red y Maia del otro.

—¡Toma, Remo! —dijo Maia sosteniendo una galleta para perros. Remo corrió y saltó la red mientras Tomi tomaba la foto.

—Le tomé la foto justo cuando saltaba la red —dijo Tomi con entusiasmo y le mostró la foto a Maia—. Esta foto será la ganadora. ¡Te lo aseguro!

Completa el mapa de T para mostrar la causa y el efecto.

Causa	Efecto
1.	**1.** Maia le pidió ayuda a Tomi.
2.	**2.** Fueron a la cancha de tenis.
3. Maia sacó una galleta para perros.	**3.**
4.	**4.** Tomi creía que la foto iba a ganar el concurso.

Nombre ______________________ Fecha ______

Palabras con grupos de consonantes con *l*

Escribe el grupo de consonantes que forma una palabra de ortografía.

1. a____audieron
2. ta____ón
3. in____uso
4. ____aciar
5. ex____otó
6. ____ores
7. ____aro
8. re____eto
9. ____obo
10. ____atos
11. ____adiador
12. ____usa
13. ____umas
14. ____anco

Palabras de ortografía

Básicas

1. explotó
2. aplaudieron
3. repleto
4. tablón
5. incluso
6. platos
7. blusa
8. blanco
9. plumas
10. globo
11. gladiador
12. glaciar

De repaso

13. flores
14. claro

Nombre ______________________________ Fecha ________

Abreviaturas para lugares

El oficial Buckle y Gloria
Gramática: Abreviaturas

- Los nombres de algunos lugares se pueden abreviar.
- Algunas abreviaturas se escriben con letra mayúscula y otras se escriben con letra minúscula. En todos los casos, se escriben con un punto al final.
- Las abreviaturas de los estados llevan dos letras mayúsculas.

avda. (avenida) **pcia. (provincia)**

Mte. (monte) **TX (Texas)**

cdad. (ciudad)

Ejemplos: Vivo en la avda. Diagonal.

Vivo en el estado de TX.

Escribe correctamente cada lugar subrayado.

1. Mi abuelo vive en la cidad. de Tucson.

____

2. La biblioteca está en la avda Rosales.

____

3. Desde aquí se ve el mte. Rushmore.

____

4. Hay muchos lagos en la pvcia de Lagunas.

____

5. La cdd. de New York queda en el estado de ny.

______________ ______________

Nombre _______________ Fecha _____

Entradas del diccionario

Observa las palabras guía de distintas páginas de un diccionario que aparecen a continuación. Luego, mira las entradas de la caja grande de abajo. Escribe cada entrada del diccionario bajo las palabras guía correctas

salida / silencio

____

____

tabla / temblor

____

____

boca / buey

____

____

dentista / enorme

____

____

boletín: cuadernillo de calificaciones
bucle: rizo de cabello
discurso: conjunto de oraciones que se dicen frente a un público
encuesta: conjunto de preguntas para obtener información sobre un tema
seguridad: sustantivo que corresponde a la palabra seguro
sierra: montaña o monte pequeño
tachuela: clavo corto y de cabeza grande que se puede clavar en una pared
techo: parte superior de una casa o un edificio

Nombre ______________________ Fecha ______

El oficial Buckle y Gloria
Ortografía: Palabras con grupos de consonantes con *l*

Corregir la ortografía

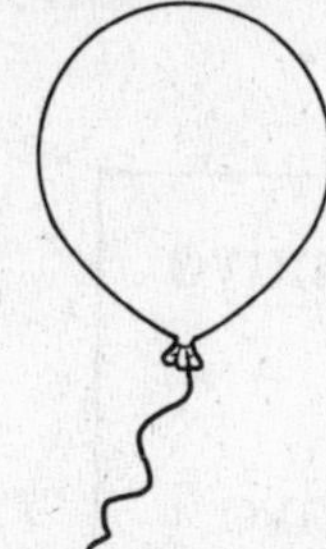

Palabras de ortografía

Básicas

1. explotó
2. aplaudieron
3. repleto
4. tablón
5. incluso
6. platos
7. blusa
8. blanco
9. plumas
10. globo
11. gladiador
12. glaciar

Corrige las oraciones. Encierra en un círculo las palabras mal escritas. Luego escríbelas correctamente en las líneas que aparecen abajo.

1. El glovo ecsplotó porque Juan le clavó una tachuela.

   ______________ ______________

2. En la película, los espectadores apludieron al gladeador.

   ______________ ______________

3. Ese pájaro tiene plumaz de color vlanco y negro.

   ______________ ______________

4. El mirador para ver el glasiar estaba rrepleto de personas.

   ______________ ______________

5. Los platoz se cayeron del tavlon y se rompieron.

   ______________ ______________

6. Se manchó la ropa que estaba colgada, incluzo tu vlusa.

   ______________ ______________

Nombre ______________________________ Fecha ________

El oficial Buckle y Gloria
Gramática: Repaso en espiral

Sustantivos y adjetivos (masculinos y femeninos)

- Recuerda que el adjetivo concuerda con el sustantivo al que modifica. Si el sustantivo es femenino, el adjetivo también debe ser femenino; si el sustantivo es masculino, el adjetivo también debe ser masculino.

Ejemplos: Mi <u>perro</u> es muy <u>gracioso</u>.
La <u>gata</u> <u>mimosa</u> se acuesta en mi cama.

Subraya el adjetivo correcto.

1. Los oficiales (orgullosas/orgullosos) recibieron un premio por su valentía.
2. Las normas de tránsito son muy (estrictos/estrictas).
3. El perro de la mujer policía es muy (astuta/astuto).

Escribe las oraciones correctamente.

4. Es necesario que las normas de seguridad sean cumplidos.

____

5. El patrullero ruidosa no paraba de dar vueltas por la plaza.

____

6. La directora de la escuela estaba contento porque vino el oficial Buckle.

____

____

Nombre ______________________ Fecha ______

Convenciones

Abreviaturas incorrectas	Abreviaturas correctas
dr Levita	Dr. Levita
Sra Jonás	Sra. Jonás
srta Giménez	Srta. Giménez
avida.	avda.
Lun	lun.
Abr.	abr.

Corrige los errores en las abreviaturas del párrafo. Escribe el párrafo con los errores corregidos en las líneas de abajo.

Mi papá es maestro. Los estudiantes lo llaman sr Gastón. Los mart papá les lee a sus alumnos. En Jun aprendieron sobre las mariposas. El Vier fueron a una exposición de mariposas. La exposición era en la Avda Main.

____

____

____

____

____

____